Connections

Making the Most of the Moment

In English
y en Español

Conexiònes

Aprovechando el Momento

To: Debra
    With Love

    Maria Amparo Holmes

Connections

Making the Most of the Moment

In English
y en Español

Conexiònes

Aprovechando el Momento

Maria Amparo Holmes

Mission Possible Press, USA
Extraordinary Living Series

The Mission is Possible.
Sharing love and wisdom for the young and "the young at heart,"
expanding minds,
restoring kindness through
good thoughts, feelings, and attitudes
is our intent.
May you thrive and be good in all you are and all you do...
Be Cause U.R. Absolute Good!

Connections, Making the Most of the Moment
Copyright © 2014 Maria Amparo Holmes.

Published by Mission Possible Press
MissionPossiblePress.com
P.O. Box 8039, St. Louis, MO 63156
orders@absolutegood.com

Book design by Maureen Cutajar
www.gopublished.com

ISBN 978-0-9852760-2-7

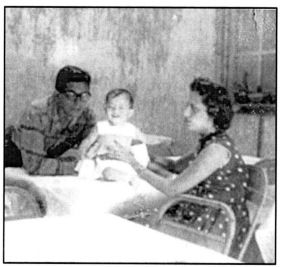

My Parents and Me, Baby Maria

Dedication

Thank you, God, for always being here for me. You gave me another chance when others thought I would die. You also gave me another chance when I thought I would die after losing my son. Thank you for allowing me to write these words and to inspire others to make the most of their moments.

To my husband, Thomas, for your encouragement, strength and the beauty of your heart and spirit. To Angie, for your love, caring and kindness. To Anna, for expressing your love that binds us all together.

And to my grandchildren…Andrew, your unconditional love, accomplishments and devotion to others inspire all who know you. Tyson, you bless us with your joy and laughter. Naya, you bless us with your beautiful nature and care. Jaxon, your birth and loving spirit are a delightful blessing to our family.

To Patricia, your calls and your heart are just so precious. Being your sister is an honor.

Finally, I dedicate this book to all families and to death itself. Please appreciate the moments.

Dedicación

Gracias, Dios, por estar siempre aquí para mí. Usted me dio otra oportunidad, cuando otros pensaron que me iba a morir. También me diste otra oportunidad cuando yo pensaba que iba a morir después de perder mi hijo. Gracias por permitirme escribir estas palabras y para inspirar a otros a aprovechar al máximo de sus momentos.

A mi esposo, Thomas, por su ánimo, fuerza y la belleza de su corazón y espíritu. Para Angie, por su amor, cuidado y bondad. Para Anna, por expresar su amor que nos une a todos juntos.

Y a mis nietos...Andrew, su amor incondicional, logros y devoción a los demás inspiran a todos los que lo conocen. Tyson, usted nos bendice con su alegría y sus risa. Naya, usted nos bendice con su hermosa naturaleza y cuidado. Jaxon, su nacimiento y espíritu amoroso son una bendición agradable a nuestra familia.

Para Patricia, sus llamadas y su corazón es tan precioso. Ser su hermana es un honor.

Finalmente, dedico este libro a todas las familias y a la propia muerte. Por favor aprecie los momentos.

Contents

Contenido

Hola!

Who Am I?

I am Maria. I am a mother. I am a wife. I am a teacher. I am a grandmother. I am an aunt. I am a sister. Medellin, in Puertoberrido, Colombia, South America, the biggest city in the country, is where I was born. I grew up in Cali, which is the second largest city. My grandparents had 24 children, and my mother was the baby. With eight siblings and plenty of extended family all around us, we had a very happy childhood.

We attended private school. Our home had eight bedrooms, three housekeepers and a swimming pool. We climbed mountains every day. The adults called us by our first, second and third names. My mother never cooked, so the staff took care of that; however, she made all of our clothes. We girls wore matching dresses, just in different colors. My father was a doctor, I was born third in the family, and I was the first baby he delivered. He wanted a better life for us, and he had dreams of coming to America and being a psychiatrist.

Hola!

¿Quién soy yo?

Soy Maria. Soy una madre. Soy una esposa. Yo soy una maestra. Soy una abuela. Soy una tia. Soy una hermana. Medellín, en Puertoberrido, Colombia, América del sur, la ciudad más grande del país, es donde nací. Me crié en Cali, que es la segunda ciudad más grande. Mis abuelos tenían 24 niños, y mi madre era el bebé. Con ocho hermanos y muchos familiares que nos rodea, hemos tenido una infancia muy feliz.

Asistimos a la escuela privada. Nuestra casa tenía ocho habitaciones, tres amas de casa y una piscina. Y montannñas que subiamos todos los diario. Los adultos nos llamaban por nuestro primer, segundo y tercer nombre. Mi madre nunca cocinó. Por lo que el personal se hizo cargo de eso; sin embargo, ella hizo toda nuestra ropa. Nosotros las niñas llevaban vestidos coicidentes, en diversos colores. Mi padre era médico, nací en tercer lugar en la familia y era el primer bebé que pronunció. Quería una vida mejor para nosotros, y tenía sueños de llegar a Estados Unidos y ser un psiquiatra.

Thankful for the Past and Our New Future

Our family came to America in 1969, when I was 12 years old. We could have lived anywhere in the United States; however, we chose St. Louis, Missouri because my parents liked the old song, "Meet Me in St. Louis." We were so excited about the new lives we would have in America. My father was already an MD, but he needed to earn additional credentials in order to become a psychiatrist in America.

My dad was going to be a student and had a job promised to him. Within our first 48 hours in our new country, three things happened that really surprised us. The school had told my father that he would have a home close to the hospital. With my father, mother, aunt and eight children in tow, once we arrived, they said, "Here you go… your new home." To our surprise, it was more than just close to the hospital; our first American home was the state hospital on the fifth floor in St. Louis, Missouri!

The next day, our father woke us up and told us to look out the window. We were all amazed! The ground was covered with white stuff, and it continued to fall out of the sky. This was the first time that we had ever seen snow. We ran outside and played in it, in regular clothes, because we were not expecting this second big surprise.

Agradecido por el Pasado y Nuestro Futuro Nuevo

Nuestra familia vino a América en 1969, cuando tenía 12 años de edad. Nos podríamos haber vivido en cualquier parte en los Estados Unidos; sin embargo, elegimos St. Louis, Missouri, porque mis padres le gustaba la vieja canción, "Meet Me in St. Louis". Estábamos tan entusiasmados con la nueva vida que tendríamos en América. Mi padre era ya un MD, pero necesitaba ganar credenciales adicionales para llegar a ser un psiquiatra en América.

Mi papá iba a ser un estudiante y prometió un trabajo para él. Durante nuestras primeras 48 horas en nuestro nuevo país, ocurrió tres cosas que realmente nos sorprendió. La escuela habían dicho a mi padre que tenía una casa cerca del hospital. Con mi padre, madre, tía y ocho hijos a cuestas, una vez llegamos, dijeron, "Aquí tienes… su nuevo hogar." Para nuestra sorpresa, era algo más que cerca al hospital; nuestra primera casa de América fue el hospital del estado en el quinto piso en St. Louis, Missouri.

Al día siguiente, nuestro padre nos despertó y nos dijo que miren por la ventana. Nos quedamos todos asombrados! El suelo estaba cubierto de la materia blanca, y lo siguieron cayendo del cielo. Esta fue la primera vez que nunca habíamos visto nieve. Corrimos fuera y jugado en él, en ropa regular, porque no esperábamos esta segunda gran sorpresa.

We were hungry after playing in the snow. When we went back inside, my father's friend, who was also a doctor, and his wife had brought us groceries. They told us we were going to have chicken noodle soup. Our cooks had always served us homemade food. When they pulled out cans of soup and a jar of peanut butter, we were in total disbelief. I can still remember that day like it was yesterday. How could they feed us with that and give us "juice" from an envelope (Koolaid)? It was amazing and even a little frightening. Different worlds. What an experience!

Becoming A Woman

When I was 17, I decided to get my first real job. So I applied at the restaurant where my brother, sister and friends were working. Rudy Holmes, my future brother-in-law, hired me and became my boss. One day his older brother, Tom, came by the restaurant, and Rudy introduced him to me. Later, I heard that Tom liked me. One day, Tom offered to give me a ride home. I needed one, so I said yes. On that drive, he asked me out on a date. After getting to know him, I realized how important family was to him, and I loved that. We spent a lot of time together, and I really enjoyed the way that Tom treated me, how respectful he was, and the way he valued me. He didn't drink or smoke cigarettes. These were things that were important to me. Right after my high school graduation, we got married and then started our family.

Teníamos hambre después de jugar en la nieve. Cuando volvimos adentro, un amigo de mi padre, quien también fue un médico, y su esposa nos había traído comestibles. Nos dijeron que íbamos a tener la sopa de fideos de pollo. Nuestros cocineros siempre nos habían servido comida casera. Cuando saca latas de sopa y un tarrito de mantequilla de maní, estábamos en total incredulidad. Aún recuerdo ese día como si fuera ayer. ¿Cómo podría alimentarnos con eso y nos dan "jugo" de Ensobrado (Koolaid)? Fue increíble y aún un poco aterrador. Mundos diferentes. ¡Una experiencia!

Hacerce Una Mujer

Cuando yo tenía 17 años, decidí conseguir mi primer verdadero trabajo. Así que me he aplicado en el restaurante donde mi hermano, mi hermana y amigos estaban trabajando. Rudy Holmes, mi futuro cuñado, me contrató y se convirtió en mi jefe. Un día su hermano mayor, Tomás, entró en el restaurante y Rudy me lo presentó. él a mí. Más tarde, escuché que Tom me gustó mucho. Un día, Tom ofreció a llevarme a casa. Necesitaba uno, así que le dije que sí. En ese paseo, me preguntó por una fecha. Después de llegar a conocerlo, me di cuenta de lo importante que familia era para él, y me encantó. Pasamos mucho tiempo juntos, y realmente disfruté del modo que el me trato, cómo respetuoso fue, y lo que me valoraba. Él no bebe o fumar cigarrillos. Estos eran cosas que eran importantes para mí. Directamente después de mi graduación de secundaria, nos casamos y luego comenzamos a nuestra familia.

Our first child, Angela Maria, was born on July 24, 1977. Our second child, Anna Erika, was born on May 1, 1981. Our son, Andrew Thomas Valentino, was born January 7, 1988. With the birth of our son, we felt our family was complete. I was the happiest mother in the world.

Since family was so important, I was a homemaker so that I could raise my children. I really enjoyed this because I was able to teach them things, make sure that they learned traditional and cultural values, and ensure that they were safe. I also took care of other children as well. This worked out because we needed the extra income, and my husband felt good that I could be so involved with the children.

My children never fought. They enjoyed playing together. They participated in all types of sports, music lessons and even dancing. We went on vacations and did everything together, including being in "Groupo Atlantico," where we performed Latin dancing at festivals, the botanical gardens and at the history museum. As a family, we valued our time together.

Our Little Family, Angela, Tom, Anna, Maria, Andrew

Nuestra primera hija, Angela Maria, nació el 24 de julio de 1977. Nuestra segunda hija, Anna Erika, nació el 01 de mayo de 1981. Nuestro hijo, Andrew Thomas Valentino, nació el 07 de enero de 1988. Con el nacimiento de nuestro hijo, sentimos que nuestra familia era completa. Era la madre más feliz del mundo.

Puesto que la familia era tan importante, yo era una ama de casa para que pudiera criar a mis hijos. Realmente disfruté de esto porque he podido enseñarles cosas, asegúrese de que aprendieron los valores tradicionales y culturales y asegurar que estaban seguros. También yo me encargué de otros niños también. Esto funcionó porque necesitábamos el ingreso extra, y mi marido se sintió bien que podría estar tan involucrado con los niños.

Mis hijos nunca peliarón. Disfrutaron jugando juntos. Participaron en todo tipo de deportes, clases de música y baile incluso. Fuimos de vacaciones e hicieron todo juntos, incluyendo estar en el "Grupo Atlantico," donde realizamos baile latino en festivales, el jardín botánico y en el Museo de historia. Como una familia, valoramos nuestro tiempo juntos.

Anna, Andrew and Angie

Things Started to Change

When Andrew entered kindergarten, I started teaching in the afternoons. I taught Spanish, shared my culture and enriched the lives of the children at the school. Around that same time my daughter, Angela, became ill. Soon after, in 1995, my mother and namesake, Maria Amparo, passed away. I started to feel overwhelmed. However, I was grateful for my family, so I put my faith in God. I prayed to Him and asked for wisdom, understanding and for healing for my daughter. I also asked Him to bring comfort to our family and to mend my heart after Mother's passing.

God has always been here for me. He answered my prayers, and our children continued to be involved in activities while my husband remained loving, devoted and supportive. My daughter, Anna, gave us our first grandchild. He was named after his uncle, Andrew Thomas, and we just enjoy him so much. My son-in-law, Chris, is so wonderful, and so are my other grandchildren: Tyson, Naya and Jaxon Valentino. I can hardly explain the feeling of being a grandparent. I was able to take care of Angela and my grandchildren, work, love my husband and make it through. I thank God that our family stayed intact and continued to grow!

*Your family is a blessing. Make the most of
your moments!*

Las Cosas Comenzaròn a Cambiar

Cuando Andrew entró en el jardín de infancia, comencé a dar clases por las tardes. Enseñé español, compartí mi cultura y enriquecí las vidas de los niños en la escuela. Alrededor de ese mismo tiempo mi hija, Angela Maria se enfermó. Pronto después, en 1995, mi madre y tocaya, Maria Amparo, falleciò. Comencé a sentirme abrumada. Sin embargo, estaba agradecida por mi familia, por tanto puse mi fe en Dios. Recé a Él y pedí la sabiduría, entendiendo para la curaciòn de mi hija. También pedí que Él trajera la comodidad para nuestra familia y reparara mi corazón después del paso de mi Madre.

Dios siempre ha estado aquí para mí. Contestó mis rezos, y nuestros hijos siguieron implicándose en actividades mientras mi marido permaneciò amoroso, dedicado y soportante. Mi hija, Anna, nos dio a nuestro primer nieto. Se nombró después de su tío, Andrew Thomas, y solo (justo) disfrutamos de él tanto. Mi yerno, Chris, es tan maravilloso, y tan es mis otros nietos: Tyson, Naya y Jaxon Valentino. Casi, no lo puedo explicar el sentimiento de ser una abuela. Fui capaz de tener cuidado de Angela y mi nieto, trabajar, amar a mi marido y hacerlo a través de. ¡Doy gracias a Dios que nuestra familia se quedó intacta y continuò creciendo!

Su familia es una bendición. ¡Aprovechar al Maximo sus Momentos!

It is a custom for everyone to have a first name, middle name, third name and then of course, last name. This picture was taken at a family celebration before we all left Colombia and moved to the United States.

Back Row: Luis Angel, Clara Eugenia, My father Alvaro, My mother Maria Amparo, Me-Maria Amparo de Fatima. Front Row: Carmen Maria del Pilar, Carlos Andres de Jesus, Alvaro Antonio, Maria Patricia, Juan Manuel.

Our Family Home in Colombia

Celebration!

Maria Patricia and Carmen Maria del Pilar are the twins. My father was taking the picture and my older brother Luis Angel was not in the picture. My baby brother Pablo Ignacio was not born yet. He is the only one of us born in United States.

From left to right, in the front row: Carlos Andres de Jesus, My Mother Maria Amparo, Juan Manuel. Back row: Maria Patricia, My Aunt Carmen, Clara Eugenia, Alvaro Antonio, Me-Maria Amparo de Fatima, Carmen Maria del Pilar.

Mr. and Mrs. Thomas Holmes On Our Wedding Day

As Adults, Me with My Brothers and Sisters

Forgetfulness Has Its Consequences

Forgetting a uniform led to a journey that would change the course of our lives. In 2005, our son, Andrew's, friend asked him for a ride. His friend forgot his uniform for work. A young lady whom I cared for as a child rear-ended both Andrew and his friend in a car accident. As a result, Andrew suffered a severe head injury, optical nerve damage and blood loss. They didn't really do anything for him in the emergency room. The next day, the doctor told him that he was going to die. We simply would not accept this. We had him transferred to St. Louis Children's Hospital where they performed surgery on him. It was by the grace of God that he - that we - did not give up. He lived. My son, Andrew, then 17, lived and flourished for five years.

Olvido Tiene Sus Consecuencias

El olvido de un uniforme llevó a un viaje que cambiaría el curso de nuestras vidas. En 2005, Nuestro hijo, Andrew, su amigo le pidió un paseo para obtener el uniforme olvidado. Una joven quien cuide como un niño criado. Le dio un choque trasero. Tanto Andrew y su amigo en un accidente automovilístico. Como resultado, Andrew sufrió una grave lesión en la cabeza, la pérdida de sangre y daño del nervio óptico. Ellos realmente no hicieròn nada para él en la sala de emergencias. Al día siguiente, el médico le dijo que iba a morir. Simplemente no aceptaríamos esto. Lo hicimos transferido al Hospital infantil de St. Louis donde realizaban cirugía de él. Fue por la gracia de Dios que él - que - no se rindió. Él vivió. Mi hijo, Andrew, 17 entonces, vivio y florecio durante cinco años.

The doctors said he was "healed," and we believed them until the day we saw it for ourselves, the seizures that caused Andrew to "act out of character." In April 2009, we were in church during my daughter, Anna's, wedding when Andrew started to dance and tell everyone he loved them. How strange! Looking into his eyes I could see that he wasn't really "there." The wedding continued, but we left and followed up with the doctor.

We found out that the surgeon had left a little "hole" in Andrew's brain, and that the hole had expanded. Now, his brain was literally pushing through it. When we questioned how this could happen, the doctor who had performed Andrew's surgery said that he didn't think the hole would ever get that big. I could tell he was ashamed that he did not have us do more follow-ups. Andrew's brain was literally pushing into his sinuses.

Andrew as a teenager
– before the accident

Los médicos dijeron fue "sanado", y creíamos hasta el día que vimos por nosotros mismos, las convulsions que llevò a Andrew "actuar fuera de carácter." En abril de 2009, estábamos en la iglesia durante la boda de mi hija, Anna, cuando Andrew comenzó a bailar y decir a todos el mundo que el los amaba.- ¡Qué ironico! Mirando sus ojos pude ver que él no estaba realmente "allí." La boda continuó, pero por su puesto salimos y seguimiento con el médico.

Encontramos que el cirujano había dejado un poco "agujero" en el cerebro de Andrew, y que el agujero se había ampliado. Ahora, su cerebro estaba literalmente empujado a través de él. Cuando interrogamos a cómo esto podría suceder, el médico que había realizado cirugía de Andrew dijo que él no pensaba que el agujero se pondría tan grandes. Me di cuenta de que él estaba avergonzado de que él no nos hizo más seguimientos. El Cerebro de Andrew empujaba literalmente en sus senos.

Anna's Wedding Day

Andrew had to endure another surgery. It was much more serious, and they had to go much deeper than they thought they would. He was put on seizure medication – medication that should have never been stopped after the first surgery, we believe. Even though Andrew was encouraged and continued to go to college, work and live his everyday life, the medication and his condition caused him to get really tired. His doctor didn't really give him restrictions or emphasize the importance of rest, and I just believe those factors brought on more seizures. His life became more difficult. Sadly, 18 months after this second surgery, we laid our Andrew "Tito" to rest. He was 22. I appreciate the staff and nurses at St. Louis Children's Hospital. They were so helpful, understanding and they do good work. The way I feel about the doctor and that we had to stay under his care is another story. The senselessness of it all leaves me without words to express how I really feel.

Connections

Andrew was full of life until the day he died. Andrew was an expressive little boy. A profound writer since the age of four, he would teach me the songs he learned in kindergarten. He read and knew the books of the Bible by heart. He loved to play his banjo, and people felt really good to be around him. Andrew was kind and loving. He was a good brother, uncle, friend, loyal fraternity member and he was a family man. My son remains my hero, and perhaps as you read these collections of thought, poems, and heartfelt stories, you too will be lifted, inspired and healed.

Andrew tuvo que soportar otra cirugía. Era mucho más grave, y tuvo que ir mucho más profundo de lo que pensaba que lo haría. Fue puesto en medicación de convulción – que nunca debiera haber sido parado después de la primera cirugía, creemos. A pesar de que Andrés se animó y continuó yendo a la Universidad, trabajar y vivir su vida cada dia, la medicación y su condición le hizo llegar muy cansado. Su médico realmente no darle restricciones o acentuar la importancia del resto, y creo que sólo aquellos factores que trajo a más ataques. Su vida se hizo más difícil. Lamentablemente, 18 meses después de esta segunda cirugía, que pusimos a nuestro hijo Andrew "Tito" para descansar. Tenía 22. Agradezco el personal y las enfermeras en el Hospital infantil de St. Louis. Eran tan útiles, comprensión y hacen buen trabajo. Lo que siento por el médico y que teníamos que permanecer bajo su cuidado es otra historia. La insensatez de todo esto me deja sin palabras para expresar cómo me siento.

Conexiones

Andrew estaba lleno de vida hasta el día que murió. Andrés era un niño expresivo. Un escritor profundo desde los cuatro años, él me enseñaba las canciones que aprendió en el jardín de la infancia. Leía y conocía los libros de la Biblia de memoria. Le encantaba tocar su Cello y la gente sentía realmente bueno para ser alrededor de él. Andrew fue amable y cariñoso. Fue un buen hermano, tío, amigo, miembro de la fraternidad leal y era un hombre de familia. Mi hijo sigue siendo mi héroe, y tal vez al leer estas colecciones de pensamiento, poemas e historias de corazó, ustedes también serán levantados, inspirado y curado.

At times I cry, as no parent should have to endure the loss of a child. As a mother, I am working to overcome my grief. Yes, this story is about Andrew. At the same time, this journey is about love and about me taking a stand for all of humanity. Think about yourself, about your family and about every person you touch. Treasure each moment and value everyone.

Getting behind the wheel each day is all about responsibility. Communicating the truth of medical conditions and the need for follow-up care is paramount and the right thing to do. Cherishing every moment with your loved ones is not only a gift that each can receive, it should also be treasured.

Thank you for sharing this journey.
Connections are a miracle, and so are you!

Good Times! Andrew and I with Friends

Si, a veces lloro, ya que ningún padre tendría que soportar la pérdida de un hijo. Como madre, estoy trabajando para superar mi dolor. Sí, esta historia se trata de Andrew. Al mismo tiempo, este viaje es acerca del amor y de mí adoptar una postura para toda la humanidad. Pensar acerca de usted, su familia y sobre cada persona que toque. Atesora cada momento y valora a cada uno.

Conseguir detrás de la rueda cada día es todo acerca de la responsabilidad. Comunicación de la verdad de las condiciones médicas y la necesidad de cuidados de seguimiento es de primordial importancia y lo que es correcto hacer. Valorar cada momento con sus seres queridos no es sólo un regalo que cada uno puede recibir, debe también ser atesorado.

Gracias por compartir este viaje.
Las conexiones son un milagro, y por lo tanto son usted!

Friends and Family at Our Home

Section 1

Gratitude and Passion for Family

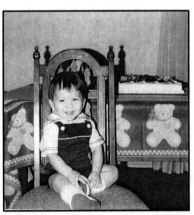

Toddler Andrew

Sección 1

Gratitud y Pasión
por Familia

Andrew and I on the Plane

My Birthday

Birthdays are a time to celebrate and to remember. Each one is a time to share with family and friends that you enjoy filling your moments with.

As my birthday was approaching in 2011, memories flooded my mind of celebrating those special times when I was a little girl on hot sunny days in Colombia, South America. During those seasons, I celebrated the green, beautiful place, bursting full of mountains, tropical plants and palms trees, blowing winds and sunshine. Feeling the warmth all around was so comfortable.

The new year and winter had set in. It was January 3, 2011, in America. There were blankets of snow on the yards in my neighborhood in St. Louis. You could see the falling snow covering the trees, making so many different designs and patterns as the inches built up, one on top of another.

Mi Cumpleaños

Cumpleaños son un momento para celebrar y recordar. Cada uno es un momento para compartir con familiares y amigos que disfruten de llenar tus momentos con.

Como mi cumpleaños se acercaba en 2011, recuerdos inundaron mi mente de celebrar esos momentos cuando era una niña en los días soleados calientes en Colombia, Sudamérica. En esas épocas, celebré el lugar verde, hermoso, lleno lleno de montañas, árboles, plantas y palmeras tropicales, vientos que soplan y sol. Sentir todo el calor fue tan cómodo.

El año nuevo y el invierno habían fijado. 03 de enero de 2011, fue en América. Había mantas de nieve en los prados de mi barrio en St. Louis. Se podía ver la nieve que cae sobre los árboles, haciendo así que muchos diversos diseños y patrones como las pulgadas construcción, uno encima de otro.

I had grown accustomed to the cold winter and snowy days over the years. It meant Christmas break was over. A new year had come. New beginnings and new accomplishments were in store. I was grateful for the blessing of this new chance to live and also sad because this was the first year we would celebrate my birthday without my son, Andrew. He had passed away November 1, 2010.

On this particular birthday, I went to the mailbox and noticed a card from the jewelry store. It said I had a special gift waiting for me at the store. When I went to the store, they gave me the gift. It was a white pearl bracelet with a charm that said, "You are loved." I was overwhelmed with tears and smiles – it was from Andrew! I had so many mixed emotions; I was as joyful as I was sad because he wasn't with me.

As tears came over me and my heart pounded, I still felt the love of my son deep inside me. What a meaningful, precious, so beloved gift for his mother. Family meant so much to my son, and this personal token from him to me after his death symbolized our special, eternal bond.

What a day to recollect, to remember the loving gift from my son to his mother. As I sat there looking at the cherished bracelet on my wrist, looking at each pearl, counting each, there were a total of 22 pearls on the bracelet. Andrew was 22 years old when he passed.

Había acostumbrado al frío invierno y días de nieve en los años. Significaba terminó vacaciones de Navidad. Había llegado un nuevo año. Nuevos principios y nuevos logros se esperarón. Estaba agradecida por la bendición de esta nueva oportunidad para vivir y también triste porque este fue el primer año de celebrar mi cumpleaños sin mi hijo, Andrew. Él había fallecido 01 de noviembre de 2010.

En este particular cumpleaños, fui al buzón y notó una tarjeta del almacén de joyería. Dijo que tenía un regalo especial esperándome en el almacén. Cuando fui al almacén, me dieron el regalo. Era una pulsera de perlas blanca con un encanto que dijo, "Eres Amada." Me sentí abrumada con lágrimas y sonrisas – fue de Andrew! Tuve tantas emociones mezcladas; porque tan alegre y como tan triste porque no estaba conmigo.

Como lágrimas vinieron sobre mí y mi corazón golpeado, todavía sentía el amor de mi hijo dentro de mí. Qué tan querido, precioso y significativo regalo para su madre. Familia significó tanto para mi hijo y este símbolo personal de él para mí después de su muerte simboliza nuestro vínculo especial, eterna.

Qué un día para recordar, para recordar el amoroso regalo de mi hijo a su madre. Mientras estaba sentado allí mirando la pulsera acariciada en mi muñeca, mirando cada perla, contando cada uno, hubo un total de 22 perlas en la pulsera. Andrew tenía 22 años cuando pasó.

So immensely symbolic was this, as Andrew had ordered the bracelet months before. To me, it represents 22 years of treasures in my heart forever. Moments so permanent, so vivid, so everlasting and so filled with love.

I sat at the table with a cup of hot chocolate with softening marshmallows looking outside at the snow melting, dripping down the window. The aroma of the hot chocolate filled the room, and wearing the bracelet filled my heart with a warm glow. Each memory, each year, filled with togetherness, celebrations, dreams and challenges during the path of a lifetime. The pearls, as I counted them again, brought me smiles, surprise, wonder, amazement and admiration.

On this birthday, I was a mother touched by her son. Each emotion filled my heart with so much love, with so many details about what my life had been with my precious Andrew.

Treasure the moments of each birthday.
Fill them with love and gratitude.

Tan inmensamente simbólico era ésto, como Andrew había ordenado la pulsera meses antes,para mí, representa 22 años de tesoros en mi corazón para siempre. Momentos tan permanentes, tan vivos, tan eternas y tan llenan de amor.

Me senté en la mesa con una taza de chocolate caliente con malvaviscos ablandamiento mirando afuera a la nieve derritiendo goteando hacia abajo de la ventana. El aroma del chocolate caliente llena la sala, y el uso de la pulsera llenó mi corazón de un brillo caliente. Cada memoria, cada año, se llenó de unión, celebraciones, sueños y desafíos durante el camino de una vida. Las perlas, cuando los conté otra vez, me trajeron sonrisas, sorpresa, maravilla, asombro y admiración.

Durante este cumpleaños, era una madre tocada por su hijo. Cada emoción llenó mi corazón de tanto amor, de tantos detalles sobre lo que mi vida había estado con mi Andrew precioso.

Atesore los momentos de cada cumpleaños.
Llénelos de amor y gratitude.

Unconditional Love

Unconditional love brings out the best in people. With no strings attached, all are included, accepted and involved. Unconditional love is a special gift, which brings communication, harmony and connection.

Each season, each day, each moment and each second, love flows out of the heart as it touches each individual. It is so unselfish, so caring in meeting others' needs, especially the ones who need unconditional love the most.

As if an ornament of special beauty, unconditional love is an extraordinary gift that everyone has deep inside his or her heart. So many times, we don't realize and are not aware of having that connection, that bond of love that gives understanding of the marvelous wonder of one's self. Take the time to allow love to help you look inside, deep inside to realize all the uniqueness in the quietness. Enjoy the qualities that are so different, each detail so particular and yet so similar. That unconditional love from the heart is able to distinguish, to change, to grow and to come about so magically.

Amor Incondicional

Amor incondicional saca lo mejor en las personas. Sin condiciones, todos son incluidos, aceptados e involucrados. Amor incondicional es un regalo especial, que trae la comunicación, la armonía y la conexión.

Cada temporada, cada día, cada momento y cada segundo, amor sale del corazón como toca a cada individuo. Es tan altruista, por lo que necesita de cuidado en el cumplimiento de otros, especialmente los que más necesitan de amor incondicional.

Como si de un adorno de especial belleza, incondicional amor es un don extraordinario que cada uno tiene en su corazón. Tantas veces, que no se dan cuenta y no son conscientes de tener esas conexiónes, ese vínculo de amor que da la comprensión de la maravillosa sorpresa de uno mismo.. Tómese el tiempo para permitir que el amor te ayudará a lucir en el interior, profundo dentro de realizar toda la singularidad en la tranquilidad. Disfrutar de las cualidades que son tan diferentes, cada detalle tan particular y sin embargo tan similar. Ese amor incondicional desde el corazón es capaz de distinguir, para cambiar, crecer y se así por arte de magia.

Unconditional love renews, refreshes and reconnects you. Like the winds that blow out the old, bringing in the new. It's like the stream that flows with clear water to the river, flushing the dirt and grime away. Unconditional love is like the white, pure snows that remain after a cold, bitter storm. It's the love that is poured out to us, as it covers everything all around.

Cherish the beauty that is inside each of us, like the springtime. Each day brings a new beginning, a new start, flourishing into amazement and transformation. Discovering the beauty within is like the summer during hot, sticky, humid days while happily swimming, splashing joyfully and cheerfully and finding so much pleasure in the beauty of the day.

Unconditional love is so penetrating, and it's given so freely to everyone. It is given to a friend, to a sister, to a nephew, to a father, to a mother, to an uncle, to an aunt, to a grandmother, to a grandfather, to everyone it encounters. This love has so much unity and meaning; it enriches one's life and renews, restores, rejoins and becomes a friendship that lasts with love for one another.

When you pour unconditional love out freely to those around you with a sincere heart and honesty, it impacts everyone whom you encounter. It changes the attitudes, thinking and the behavior of each person touched. Relationships are enriched, and lives are changed.

Use your remarkable gifts and positive energy through unconditional love to connect in each moment.

Amor incondicional renueva, refresca y te vuelve a conectar. Como los vientos soplan hacia fuera lo Viejo, trayendo el nuevo. Es como la corriente que fluye con agua limpia hasta el río, limpiar el polvo y la suciedad lejos. Amor incondicional es como las Nieves blancas, puras que quedan después de una tormenta fría, amarga. Es el amor que se derrama a nosotros, ya que cubre todo, todo.

Apreciar la belleza que está dentro de cada uno de nosotros, como la primavera. Cada día trae un nuevo comienzo, un nuevo comienzo, floreciente en asombro y transformación. Descubriendo la belleza dentro es como el verano durante días calientes, pegajosos, húmedos felizmente nadando, salpicar con alegría y con buen ánimo y encontrar tanto placer en la belleza del día.

Amor incondicional es tan penetrante, y se da tan libremente a todo el mundo. Se da a un amigo, a una hermana, un sobrino, a un padre, una madre, un tío, una tía, una abuela, un abuelo, a todos los que encuentra. Este amor tiene tanta unidad y significado; enriquece la vida y renueva, restaura, vuelve y se convierte en una amistad que dura con amor por los demás.

Cuando viertes amor incondicional hacia fuera libremente a los que te rodean con un corazón sincero y honestidad, afecta a todo el mundo que encuentras. Cambia las actitudes, el pensamiento y el comportamiento de cada persona tocada. Las relaciones se enriquecen, y vidas son cambiadas.

Use sus regalos notables y energía positiva a través del amor incondicional para conectar en cada momento.

Candlelight

Soon after Andrew passed, without anyone asking, his fraternity brothers of Sigma Chi had a fundraiser for his funeral. It was a sad occasion but a heartfelt night of being together with his brothers, family and friends. So many close friends came forward during the special event to share stories about Andrew. Abby was a really close friend of Andrew's, and her story really stood out.

Abby introduced herself and her boyfriend. I thought that was so nice. Then, she explained that Andrew encouraged her and helped them, enriched their relationship and worked with them. They admitted that if he hadn't been there, they would not have gotten together and certainly would not have started dating. Abby's face was shining brightly as she told this story and finished by saying, "Thanks to Andrew, we're getting married – and on Andrew's birthday!"

When Andrew was in the room, he lit it up just like candlelight. Even in memories, he remains such a blessing to those who knew and loved him. This is my poetic expression inspired by the light of Andrew:

Luz de las Velas

Poco después de que Andrew pasó, sin que nadie pide, sus hermanos de la fraternidad Sigma Chi tuvieron una recaudación de fondos para su funeral. Fue una ocasión triste pero una noche sincera de ser junto con sus hermanos, familiares y amigos. Tantos amigos cercanos se adelantaron durante el evento especial para compartir historias acerca de Andrew. Abby era una amiga muy cercano de Andrés y su historia realmente destacado.

Abby presentó a sí misma y a su novio. Pensé que era tan agradable. Luego, explicó que Andrew animó y les ayudó, enriquecido su relación y trabajado con ellos. Admitieron que si él no hubiera estado allí, no habrían conseguido juntos y sin duda no habrían empezado a salir. La Cara de Abby estaba brillando como ella conto esta historia y terminó diciendo: "gracias a Andrew, nos vamos a casar – y en el cumpleaños de Andrew!"

Cuando Andrew estaba en la habitación, él encendió para arriba como luz de las velas. Incluso en recuerdos, sigue siendo una bendición a quienes conocía y amaba. Este es mi expresión poética inspirada en la luz de Andrew:

A candlelight can bring so much brightness into your heart.
Can you feel the joy, happiness, cheerfulness and completion?

A candlelight brings so much sunshine into the day.
It adds to moonlight, covering all the quietness of the night, even filling each star in the sky.

A candlelight glows, bringing meaning and purpose into life.
With it comes glitter, sparkles, splendors and delight.

A candlelight guides with magical illumination.
Its shine renews, and its reflection is filled with spirit and so much life.

A candlelight adds refreshment, with a vigorous breeze.
This freedom is filled with grace, gratitude and support to stand strong.

The light of a candle energizes, electrifies and brings abundance, warmth and comfort.

The candlelight never fades. It cannot be blown out.
Through every hill, every meadow, every dim space, it brings currents of beauty and glow.

The light goes up, up, up into the sky, into the clouds, into the stars and finally into the loving hands of the Lord our God.

Your candlelight is how you use your gifts to help others, no matter what your gifts may be.

Conexiònes

Una luz de las velas puede traer tanto brillo en tu corazón.
¿Puedes sentir la alegría, felicidad, alegría y conclusión?

Una luz de las velas trae tanto sol en el día.
Agrega a la luz de la luna, que abarca toda la tranquilidad de la
noche, incluso llenando cada estrella en el cielo.

Se ilumina una luz de las velas, trayendo el significado y
propósito en la vida.
Con él llega el brillo, destellos, esplendores y encanto.

Un guías de luz de las velas con luz mágica.
Renueva su brillo y su reflexión está lleno de espíritu y tanta vida.

Una luz de las velas agrega refresco, con una brisa vigorosa.
Esta libertad está lleno de gracia, agradecimiento y apoyo a estar fuerte.

La luz de una vela se energiza, electrifica y trae abundancia,
calidez y confort.

La luz de las velas nunca se desvanece. No puede ser soplado hacia
fuera.
A través de cada colina, cada Prado, cada espacio dim, trae cor-
rientes de belleza y resplandor.

La luz pasa hacia arriba, arriba, arriba en el cielo, las nubes, en
las estrellas y finalmente en las manos amorosas de nuestro Dios.

La luz de las velas es cómo usar sus regalos para ayudar a los
demás, no importa lo que puedan ser sus regalos.

Who has touched your life?

¿Quién ha tocado su vida?

Friendship

One of Andrew's friends, Amanda, wrote me the kindest letter after he passed away:

For four years, Andrew was my best friend. I met him through mutual friends one weekend that I went to Cape Girardeau, Missouri to visit. As soon as we met, we became friends. He even convinced me to come down to Southeast Missouri State University (SEMO) to go to school! When I lived in Cape Girardeau, we were inseparable. We did everything together. Most everyone thought we were dating, but truthfully, we were just best friends. There was a period where Andrew and I tried dating. It was really funny. We both decided that it was just too strange and we were better off as friends. Some nights, we would go out and meet everyone at the bars, but my favorite nights were the ones we spent watching movies and eating pizza in his dorm room together. No matter what we were doing, we were having a blast.

Amistad

Uno de los amigos de Andrew, Amanda, me escribió la carta más amable después que él falleció:

Durante cuatro años, Andrew era mi mejor amigo. Lo conocí a través de amigos comunes un fin de semana que fui a Cape Girardeau, Missouri para visitar. Tan pronto como nos conocimos, nos hicimos amigos. Él incluso me convenció para bajar a sureste Missouri State University (SEMO) para ir a la escuela! Cuando vivía en Cape Girardeau, éramos inseparables. Hicimos todo juntos. Mayoría de todos pensaban que fuimos novios, pero a decir verdad, estábamos solo mejores amigos. Hubo un período donde Andrew y yo tratamos de citas. Fue realmente divertido. Ambos decidimos que era demasiado extraño y estábamos mejores como amigos. Algunas noches, nos salen y conoce a todos en los bares, pero mis noches favoritas fueron los que pasamos viendo películas y comiendo pizza en su habitación juntos. No importa lo que hacíamos, que íbamos a tener una explosión.

I have so many stories I can share with you about all of the adventures we had together. One day, Andrew and our friend, Tony, called me and asked me to skip class and drive them to PetSmart. When I asked them why, they told me they wanted to buy a guinea pig. I tried to convince them that was not a good idea since they were not allowed to have pets in the dorm. But of course, they had already made up their minds. So I took them to the pet store and, sure enough, they got a guinea pig! You should have seen those two trying to figure out how to get the animal and the cage into the dorm without anyone noticing. It was so funny.

Andrew was there for me in a time in my life when I had no one. I went through a bad break-up, and most of my friends quit speaking to me, yet Andrew was there to talk to. He was there to cry on, yell at or laugh with. Even when he was in Belgium (as an exchange student), he made it a point to call or write me to check in on me. This might sound crazy, but he kept me sane through that time. He was truly an amazing friend. ~ Amanda Lewis

I learned from Amanda and countless others that Andrew was a good friend. Friends receive with open arms. They are warmhearted, sympathizers, supporters, advocates and companions. They are also likeable, pleasant to be with and kindly to one another.

Tengo tantas historias que puedo compartir contigo acerca de todas las aventuras que tuvimos juntos. Un día, Andrew y nuestro amigo, Tony, me llamó y me pidió que saltarse la clase y conducirlos a PetSmart. Cuando les pregunté por qué, me dijeron que querían comprar un conejillo de Indias. Traté de convencerlos de que no era una buena idea, puesto que no fueron permitidos a tener animales domésticos en el dormitorio. Pero por supuesto, ya habían hecho sus mentes. Así que llevó a la tienda de mascotas y, efectivamente, consiguieron un conejillo de Indias! Si has visto esos dos intentando averiguar cómo obtener el animal y la jaula en el dormitorio sin que nadie advirtiera. Fue tan divertido.

Andrew estaba allí para mí en un momento en mi vida cuando tuve a nadie. Pasé por una mala ruptura y la mayoría de mis amigos dejaron de hablar a mí, sin embargo, Andrew estaba allí para hablar. Él estaba allí para llorar, gritar o reír con. Incluso cuando estaba en Bélgica (como estudiante de intercambio), se hizo un punto para llamar o escribirme o chequiaba en mí. Esto puede sonar loco, pero me mantuvo sana a través de aquel momento. Realmente fue un amigo increíble. ~ Amanda Lewis

Me enteré de Amanda y muchos otros que Andrew era un buen amigo. Amigos reciben con los brazos abiertos. Son cálidas, simpatizantes, seguidores, defensores y compañeros. También son simpáticos, agradables estar con y amablemente a uno con el otro.

Friends are respectful with each one's feelings and find value and favor in building strong communications.

Friendship is being trustworthy. Friendship is bringing peace, hospitality and empathy, keeping in mind the various feelings and the special needs of others. Friends help, even in the face of danger, when feeling uneasy, and they take time to care. Friends have a firm, positive outlook and know how valuable and important they are.

My Tips for Stronger Friendships

- To enhance dialogue, use refreshing, expressive, high-quality words and speak them in a manner that they are well-spoken.
- Make time for a casual day; laugh and giggle.
- Make a difference; help a child feel special and on top of the world.
- Make the most of the moment; take time for special days to celebrate a birthday, an anniversary or a game.
- Make connections when gathering at different events at a school, at work or simply out and about; bring harmony. You can do so with kindly gestures, listening, giving eye contact and nodding. Give attention to the sender's significant matter and important thought.

Amigos son respetuosos con los sentimientos de cada uno y valoran y favorecen en la construcción de comunicaciones fuerte.

Amistad es ser digno de confianza. Amistad está trayendo paz, hospitalidad y empatía, teniendo en cuenta los diversos sentimientos y las necesidades especiales de los demás. Amigos ayudan, incluso ante el peligro, cuando la sensación de intranquilidad, y toman tiempo para cuidar. Amigos tiene una perspectiva positiva, firme y sabe cómo valiosa e importante son.

Mis Consejos para Amistades más Fuertes

- Para promover el diálogo, usar palabras refrescantes, expresivas, de alta calidad y hablan de una manera que es elocuente.
- Hacer tiempo para un día casual; se ríen y se ríen.
- Hacer una diferencia; ayudar a un niño a sentirse especial y en la cima del mundo.
- Aproveche al máximo el momento; Tómese tiempo para días especiales celebrar un cumpleaños, un aniversario o un juego.
- Haga las conexiones al recolectar en diferentes eventos en una escuela, en el trabajo o simplemente fuera de; traer armonía. Puede hacerlo con gestos bondadosos, escuchar, dar el contacto con los ojos y asintiendo con la cabeza. Prestar atención al asunto significativo y pensamiento importante del remitente.

Andrew Holmes was a friend and a neighbor filled with Godly love; he stood as a guardian angel with so much belief and fairness in giving honor to those in his life. He gave quality with a gentle touch to humanity.

Be a friend to your fellow man.
Be willing to admire, respect and devote time in being near to those ones in your life.

Andrew Holmes era un amigo y un vecino llenado de amor piadoso; él estaba parado como un ángel de la guarda con tanta convicción y justicia en dar honor a aquellos en su vida. Dio calidad con un toque suave a la humanidad.

Ser un amigo a su prójimo.
Estar dispuesto a admirar, respetar y dedicar tiempo
en estar cerca de aquellos en su vida.

Faith

Faith is a blessing that our God has given to us, to every one of us. Without faith, we cannot overcome. It empowers us at the lowest part of our lives.

Feeling low, vulnerable, out of control and helpless will leave us there – stuck. With faith comes hope, and with hope we can come to terms with trusting God and His choices. God gives and takes away life. Yet, through our faith, we can believe in Him in the bigger picture. There is more than simple existence here on this earth. It is because of our faith that we can believe in the everlasting connection with God and with those we love.

Sure, these things like losing Andrew have and continue to test my faith. To believe is to trust the Word of our God that is so profound, it is how I make it through every day. We learn this from the time that we are born, through the love of our parents and the unity of our family and communities. Faith comes through the day of our wedding and the commitment to one another. The day of the birth of our children and the miracle of a newborn coming into this world are all testaments to faith.

Fe

La fe es una bendición que nuestro Dios nos ha dado, a cada uno de nosotros. Sin fe, no podemos superar. Nos da en la parte más baja de nuestras vidas.

Sensación baja, vulnerable, fuera de control e indefenso nos dejará allí – atascado. Con fe viene la esperanza y con la esperanza de que podemos llegar a un acuerdo con confiar en Dios y sus opciones. Dios da y quita la vida. Sin embargo, a través de nuestra fe, podemos creer en él en el panorama. Hay más que la simple existencia aquí en la tierra. Es debido a nuestra fe que podemos creer en la conexión eterna con Dios y con los que amamos.

Sin duda, estas cosas como perder Andrew tienen y continúan probar mi fe. Creer es confiar en la palabra de nuestro Dios que es tan profunda, es cómo lo hago todos los días. Nos enteramos de esto desde el momento en que nacemos, por el amor de nuestros padres y la unidad de nuestras familias y comunidades. La fe viene por el día de nuestra boda y el compromiso de uno con el otro. El día del nacimiento de nuestros hijos y el milagro de un recién nacido en este mundo son todos los testamentos a la fe.

Children learn so willingly and eagerly about stories and songs filled with goodness. Kindness, obedience, wholesomeness, trustworthiness, loyalty and purity in the law and in the love of God are ours to continue into adulthood. They do so by means of our faith and confidence in our God.

Faith brings peace, hope, caring, giving and knowing that our God is with us and brings promise and assurance that we will be with Him.

Faith brings vision as we reach our destination. It is a vision that is greatly shaped and framed with remarkable beauty that fills our spirit and souls, enabling us to reach The Way through the Divine.

Because of our faith, belief and trust, our life will continue on earth, even on the path to the Open Gates. Immense love, power and light are ours to face and to feel wholeheartedly in the divinity of our God.

New beginnings, life and divine love
are with our God.

Los niños aprenden tan voluntariamente y con entusiasmo sobre cuentos y canciones llenaron de bondad. Bondad, obediencia, salubridad, confianza, lealtad y pureza en la ley y en el amor de Dios son nuestras para continuar en la edad adulta. Lo hacen por medio de nuestra fe y confianza en nuestro Dios.

Fe trae paz, esperanza, cuidar, dar y sabiendo que nuestro Dios está con nosotros y trae la promesa y la seguridad de que estaremos con él.

Fe trae visión cuando llegamos a nuestro destino. Es una visión que es grandemente en forma y enmarcada con notable belleza que llena nuestro espíritu y alma, permitiéndonos alcanzar el camino a través de lo divino.

Debido a nuestra fe, creencia y confianza, nuestra vida seguirá en la tierra, incluso en el camino hacia las puertas abiertas. Luz, poder y amor inmenso están nuestra cara y sentirse plenamente en la divinidad de nuestro Dios.

Nuevos comienzos, la vida y el amor divino son
con nuestro Dios.

Section 2

Writings By Andrew

Sección 2

Escritos De Andrew

Andrew was outgoing, a great communicator and appreciated the little things in life. He made people feel good with words and actions. Simply being around him brought joy and the best out of the people he was with. This started from the time that he was a little baby and continued throughout his life.

Andrew and I had a beautiful relationship and spent so much quality time together. We learned from each other and always said thank you for this and that. No matter what we were doing, we appreciated one another. We laughed, talked and shared--even when we disagreed. He would teach me things about the Bible when he was younger, then the computer as he was older. He would teach younger ones how to button a shirt, tie a shoe or how to speak Spanish. He would teach me how to speak English properly, including using correct grammar. I treasure those times, and I encourage you to treasure moments with those you love as well.

When was the last time you said, "I love you; have a good day!" to a member of your family? Or how about, "Thank you for being part of my life?" When is the last time you wrote a note, gave a hug "just because" or took a walk just to enjoy the sun and the sky?

As he was growing up, Andrew would write little notes and poems to express himself. I've included them to inspire you because having a connection as a family is so very important.

Be passionate! Be grateful! Show your family and loved ones how important they are to you, today and every day.

Andrew fue saliente, un gran comunicador y aprecia las pequeñas cosas en la vida. Él hizo personas sentir bien con palabras y acciones. Simplemente estar cerca de él trajo alegría y lo mejor de la gente fue con. Esto empezó desde el momento en que él era un poco bebé y continuada a lo largo de su vida.

Andrew y yo tenía una relación hermosa y pasamos mucho tiempo de calidad juntos. Aprendimos unos de otros y siempre dijo gracias por esto y aquello. No importa lo que estábamos haciendo, apreciamos mutuamente. Nos reímos, hablado y compartido— incluso cuando hemos discrepado. Él me iba a enseñar cosas sobre la Biblia cuando era más joven, depues de la computadora ya que era más grande. ¿Enseñó más a los pequeños cómo abotonarse una camisa, un zapato de cordón o cómo hablar en español. Él me enseñaría cómo hablar inglés correctamente, incluyendo el uso de la gramática correcta. Atesoro aquellos tiempos, y os animo a atesorar momentos con quienes que amas así.

¿Cuándo fue la última vez que usted ha dicho, "Te amo"; "tenga un buen día!"a un miembro de su familia? O ¡qué tal, "gracias por ser parte de mi vida" ¿Cuando es la última vez que escribí una nota, le dio un abrazo "porque" o di un paseo para disfrutar el sol y el cielo?

Como él estaba creciendo, Andrew escribiría poco notas y poemas para expresarse. He incluido para inspirarte, porque teniendo una conexión como una familia es muy importante.

Ser apasionado! Ser agradecidos! Mostrar su familia y seres queridos lo importantes que son, hoy y todos los días.

Momma, I Love You

A Mother's Day Poem
Hey Mom, how you doing? It is your son.
I am happy that you're always around for some fun,
and when the day is done, you're there to say goodnight.
And that it just sounds so right
because you're my mom.

You bring love and happiness,
nothing less,
so God bless.
Always keep peace
with you and me
because you're my mom.

You'll always be my mom,
and I'll be your son,
always having a shoulder to lean on.
You always keep me in line,
and that is why I wrote this rhyme
on this Happy Mother's Day.

Love, Andrew
(Written during 3rd grade)

Mamá, Yo te Amo

El Poema del día de la Madre

Hola mama, ¿cómo te va? Es su hijo.
Me alegras que estas siempre alrededor de la diversión,
y cuando se hace el día, estás allí para decir buenas noches.
Y que simplemente suene tan bien
porque eres mi mamá.

Traes el amor y la felicidad,
ni más ni menos,
así que Dios te bendiga.
Mantener siempre la paz
con tu y yo
porque eres mi mamá.

Siempre vas a ser mi mamá,
y voy a ser tu hijo,
siempre tener un hombro para apoyarse.
Matenerme siempre en línea,
y por eso escribí esta rima
en este Feliz día de la Madre.

Amor, Andrew
(Escrito durante el 3rd grado)

Childhood
by Andrew Holmes

The wind whips through my hair as I zip down the old familiar highway. I exit off at the familiar road and make a right turn to visit the neighborhood I grew up in, where I spent the first sixteen years of my life. I think about all the times I had up until about a year and a half ago. I continue down that road until I reach my street. I quickly pull up to the house I grew up in. Compared to the other houses on the street; my house is nothing to brag about. However, I have fond memories of growing up in my modest childhood home.

I look around toward the big back yard that I enjoyed. I remember the summer days when I'd wake up bright and early to race my NSX Dino bike a few blocks over to my best friend's house and then race back home with my other friend for a great day of baseball games. We played nearly every day, no matter how hot it got. Baseball was our passion; it was what we lived for back in those cherished days of my childhood.

La Infancia
de Andrew Holmes

El viento va volando a través de mi cabello ya que yo pasare hacia abajo de la vieja carretera familiar. salgo en el camino familiar y hago un giro a la derecha para visitar el barrio que crecí, donde pasé los primeros dieciséis años de mi vida. Pienso en todas las veces que he tenido hasta hace un año y medio. Sigo por ese camino hasta que llego a mi calle. Levante rápidamente a la casa en que me crié. En comparación con las otras casas en la calle; mi casa es nada que presumir. Sin embargo, tengo muy buenos recuerdos de crecer en mi modesto hogar de infancia.

Miro hacia el gran patio trasero que disfruté. Recuerdo el verano días cuando despertaría brillante y temprano, compito con mi bicicleta del NSX Dino, correra pocas cuadras mas al a casa de mi mejor amigo y luego correr de vuelta a casa con mi otro amigo para un gran día de juegos de béisbol. Jugamos casi todos los días, no importa como caliente consiguió. Béisbol era nuestra pasión; fue lo que vivimos por detrás en ésos acariciado días de mi infancia.

I also remember the times my Dad and I would play baseball together. We had so much fun. Or the times where there would be a backyard full of us playing exhilarating games. We enjoyed all the game-winning homeruns and game-deciding strikeouts. I spent my best summer days in my backyard during my childhood days. Oh, the wonderful memories I have.

I fill up on gas. As I travel down the road, I pass a few blocks until I reach the elementary school I went to. I decide to take a spin around the back of the school to take a look. The first thing that catches my eye is the huge soccer field. I remember the very first day I walked to school with my mother.

I remember all the times at recess when I would run down the black top until I reached the soccer field. I would always hope to get picked first. My elementary school took soccer at recess very seriously. Every day my team's goal was to dominate the opposition because if you lost, you would have to spend the rest of the day listening to the taunts from the team who won.

I have a picture in my head of the playground that stood there before the new one was built. I remember how old and out-of-date it was. However, I remember how much fun I had playing on that childhood playground.

También recuerdo los tiempos de mi papá y yo juegabamos béisbol. Nos divertimos mucho. Oh, los tiempos donde habría un patio lleno de nosotros juegos emocionantes. Disfrutamos todos los jonrones de la ganadora del juego y juego-decidir ponchados. Pasé mis mejores días de verano en el patio de mi casa durante los días de mis infancia. Oh, los maravillosos recuerdos que tengo.

Relleno con gas. Cuando viajo por el camino, paso a pocas cuadras hasta llegar a la escuela primaria. Me decido a tomar un giro alrededor de la parte posterior de la escuela a echar un vistazo. Lo primero que llama mi atención es el enorme cancha. Recuerdo el primer día que entré a la escuela caminando con mi madre.

Recuerdo todos los tiempos durante el recreo cuando corria hacia la tapa parte superior hasta llegar a la cancha de Soccer. Siempre espero a llegar primero. Mi escuela primaria tomó muy en serio fútbol durante el recreo. Cada día objetivo de mi equipo era dominar la oposición porque si pierde, usted tendría que pasar el resto del día escuchando las burlas del equipo que ganó.

Tengo una imagen en mi cabeza del patio que estaba allí antes de que el nuevo fue construido. Recuerdo cómo viejo y obsoleto. Sin embargo, recuerdo Cuánto diversión tuve jugando en ese patio de recreo de la infancia.

Driving down the main road, I see the old store I used to go to quite often. After I park my car, I go into the store to get a bite to eat. When I first walk inside the store, I realize it looks very different.

The first thing that I notice: they had painted all the walls white instead of the dark blue. The next thing I notice is that they took out the arcade video games they had over in the corner of the store. After I grab a drink and a bag of chips, I walk up to the counter and realize I have never seen the man who is working here before. During my entire childhood, the same family owned and worked for the store.

I then asked the man, "What happened to all the old employees?" He told me that they all moved away. I was taken aback, and I had a funny feeling inside my stomach like something was not right.

Suddenly, the store did not quite seem the same. Instead, it seemed like a foreign, unfriendly store to go to. I had grown accustomed to the old employees, and they all knew my name and greeted me the same every time I came in. I could not believe that the store had changed so drastically.

Conduciendo por la carretera, veo la tienda antigua que solía ir a absolutamente a menudo. Después de estacionar mi auto, entro en la tienda para conseguir algo de comer. Cuando primero camino dentro de la tienda, me doy cuenta de que se ve muy diferente.

Lo primero que me doy cuenta: habían pintado las paredes blanco en lugar del azul oscuro. Lo siguiente que veo es que llevó a cabo los juegos de video arcade tenían encima en la esquina de la tienda. Después agarro una bebida y una bolsa de papitas, suba al mostrador y realizar que nunca he visto al hombre que está trabajando aquí antes. Durante mi infancia entera, la misma familia de propiedad y trabajó para la tienda.

Preguntó al hombre, "¿Qué pasó a todo el personal viejo?" Me dijo que todos ellos se movierón. Me quedé desconcertado, y tuve un divertido sentir dentro de mi estómago que algo no estaba bien.

De repente, la tienda no parecía bastande el mismo. En cambio, parecía una tienda para ir a extranjera, antipática. Había acostumbrado a los empleados, y todos sabían mi nombre y me saludaban lo mismo cada vez que me encontré. No podía creer que la tienda había cambiado tan drásticamente.

After I left the store, I decided to go and visit the park where I spent a lot of time during my childhood years. After parking my car, I was walking when I noticed the lake. I remembered how much I used to love spending Sundays fishing with my dad there. We used to sit for hours on the bay talking about life, school, sports, his job and all sorts of things. The next thing that I noticed was the playground. I have so many memories of how much time I spend playing with my sisters and my parents when I was young.

As I kept walking, I reached the woods. I almost turned back but decided to walk through some of the trails as I remember all the summer days I spent here riding bikes through the trails after leaving the pool with friends, and how much fun we would have riding bikes from one ramp to the other. As I think a about it, I realize how much I miss being a kid again with not a care in the world.

After I left the park, I realized that I had to get home for dinner soon, but I still had time to see one last place. I reached the last house I lived in before I moved from the neighborhood. There, I noticed two cars parked in the driveway, and I began to wonder what the people were like. I wondered if they appreciated the house, if they took care of it, and if they could ever love that house as much as I did.

Despuès que salí de la tienda, decidí ir a visitar el parque donde pasé mucho tiempo durante mis años de infancia. Después de aparcar mi coche, caminaba cuando noté el lago. Me acordé de cuánto solía encantar pasar pescar los domingos con mi papá allí. Solía sentarme durante horas en la bahía hablando sobre la vida, escuela, deportes, su trabajo y todo tipo de cosas. Lo siguiente que noté fue el patio de recreo. Tengo tantos recuerdos de cuánto tiempo me paso jugando con mis hermanas y mis padres cuando era joven.

Como yo seguí caminando, llegué a los bosques. Casi me volvió pero decidió caminar a través de algunos de los senderos como recuerdo todos los días de verano que pasé aquí, montar en bicicleta por los senderos después de salir de la piscina con los amigos, y cuánto diversión tendríamos montar en bicicleta de una rampa a la otra. Como creo una, me doy cuenta de lo mucho que extraño ser un niño otra vez con no una atención en el mundo.

Después me fui al parque, me di cuenta que tenía que llegar a casa para la cena pronto, pero todavía tenía tiempo para ver uno último lugar. Llegué a la última casa que viví en antes de que me mudé del barrio. Allí, me di cuenta de dos coches estacionados en la entrada, y comencé a preguntarme cómo eran las personas. Me preguntaba si aprecian la casa, si la cuidaron, y nunca podrían amar esa casa tanto como lo hice.

I remember how awesome it was being the last kid living at home and getting the entire basement of that house for my bedroom. I remember becoming a teenager in that house and when I began to take more responsibilities as a young adult.

All the things that I had seen made me think of all the old times and great times I had during my childhood, whether it was playing baseball, competing in the soccer games, or picking up a drink with chips at the store. I had a great and memorable childhood that I am very proud of.

ConexiònesRecuerdo cómo impresionante estaba—era el último niño que vivio en esa casa y conseguir el sótano entero de esa casa para mi dormitorio. Recuerdo a convertirse en un adolescente en esa casa, y cuando empecé a tomar más responsabilidades como un joven adulto.

Todas las cosas que había visto me hizo pensar en todos los tiempos viejos y buenos tiempos tuve durante mi infancia, ya estaba jugando al béisbol, compitiendo en los juegos de Soccer o recoger una bebida con papitas en la tienda. Tuve una infancia de grande y memorable que me siento muy orgulloso de.

I Am

Andrew was so proud of who he was, so proud of his heritage and so happy to share with others. He also valued the quality time he spent visiting, listening and learning about other cultures and people.

To Andrew, being with his family was so important. He understood the significant value of what that meant to his own self.

Having fun, laughing, being with his friends, playing sports or hanging out was very essential to Andrew.

Honesty, integrity, kindness and reliability were such integral parts of Andrew's character.

I am different from others,
I wonder what it would be like with a brother,
I like the kind of beaches with palm trees,
I enjoy going places with my family,
I want to travel around the world and see everything I want to see,
I am the youngest of three.

Yo Soy

Andrew estaba tan orgulloso de que él era, tan orgullosos de su herencia y tan feliz de compartir con los demás. También valoraba el tiempo que pasó visitando, escuchando y aprendiendo sobre otras culturas y personas.

Para Andrés, estar con su familia era tan importante. Él entendía el valor significativo de lo que significó a su propia casa.

Divertirse, reírse, estar con sus amigos, practicar deportes o salir era muy esencial a Andrew.

Bondad, honestidad, integridad y confiabilidad fueron tales partes integrales del personaje de Andrew.

Soy diferente de los demás,
Me pregunto qué sería con un hermano,
Me gusta la clase de playas con palmeras,
Me gusta ir a lugares con mi familia,
Quiero viajar por el mundo y todo lo que yo quiero ver, ver
Yo soy el más joven de los tres.

I pretend I am a sports superstar,
driving around in a fancy car,
I feel happy when I'm with my friends,
I touch everything,
I worry about bad things,
I cry about nothing
I am Spanish.

I understand who I am,
I listen to hip hop,
I dream to play football without a stop,
I try to be the best I can be,
I hope to be the way my parents raised me,
I am Andrew Holmes.

(Written around 6th grade)

Everyone is special, unique and possesses so much to pass and share with others!

When you are sure of who you are, everything has value. Do you love your days? Your culture? Do you spend time learning about others? Can you appreciate the similarities? How are you different? What are your dreams? What can you see, and who can you really be?

Start making the most of this moment!

Yo Pretendo que soy una superestrella del deporte,
conduciendo en un coche de lujo
Yo me siento feliz cuanto estoy con mis amigos
Yo Toco dodo
Yo me preocupo sobre cosas malas
Yo Lloro sobre nada
Yo Soy Español

Entiendo quien soy yo
Escucho el hip hop,
Sueño con jugar al fútbol sin una parada,
Intento ser lo mejor que puedo ser,
Espero que lo que mis padres me crió,
Soy Andrew Holmes.

(Escrito alrededor de 6th grado)

Cada uno es especial, único y posee tanto para pasar y compartir con los demás!

Cuando estés seguro de que estás, todo tiene valor. ¿Te encantan sus días? ¿Su cultura? ¿Dedicas tiempo aprendiendo sobre otros? ¿Se pueden apreciar las similitudes? ¿Cómo son diferentes? ¿Cuáles son tus sueños? ¿Lo que usted puede ver, y que usted puede realmente ser?

Empezar approvechando este momento!

Let's Talk About Me and You!

Even as a small child, Andrew was well spoken, practical and enthusiastic. His compassion, his kindness, his caring and his giving spoke so loud and clear.

Time is so extraordinarily special, and so are you. Take it and enjoy it together.

> *Let's don't talk about money.*
> *Let's don't talk about riches.*
> *Let's don't talk about quarters or dimes.*
> *Let's talk about me and you!*
>
> *Let's don't talk about the sun or the sky.*
> *Let's don't talk about the moon and the stars.*
> *Let's don't talk about the thin air.*
> *Let's talk about me and you!*
>
> *Let's don't talk about the water.*
> *Let's don't talk about the beach.*
> *Let's don't talk about the waves.*
> *Let's talk about me and you!*

Hablemos de
Mí y Usted!

Incluso como un niño pequeño, Andrew fue bien hablado, práctico y entusiasta. Su compasión, su bondad, su cuidado y su entrega hablaban tan alto y claro.

El tiempo es tan extraordinariamente especial, y así que eres. Tomarlo y disfrutarlo juntos.

No hablemos de dinero.
No hablemos sobre riquezas.
No hablemos de cuartos o maoneds de diez centavos.
Hablems de mí y uated!

No hablemos sobre el sol o el cielo.
No hablemos sobre la luna y las estrellas.
No hablemos sobre el aire.
Hablemos de mí y usted!

No hablemos sobre el agua.
No hablemos sobre el mar.
No hablemos sobre las olas.
Hablemos de mí y usted!

Let's don't talk about anything else but what you and me got!
Only me and you!

(Written by Andrew Holmes in Elementary School)

There is nothing more significant or important on your calendar or schedule than those you love. No matter how busy we may be, make time to completely listen to one another!

When things get crazy, hard or confusing, treasure your moments alone and with others. Think about what is really important to you. Don't worry about what anyone else thinks, what they have or what they own. Toot your horn. Have your own little party. Dance. Smile. Giggle. Laugh. Connecting with others is one of the single most important things to do in this world.

Make the Most of the Moment!

Conexiònes

No hablemos sobre cualquier otra cosa, pero lo que tienes
Solo mi y tu!

(Escrito por Andrew Holmes en la escuela primaria)

No hay nada más importante o significativo en su calendario o el horario que los que amas. No importa lo ocupado que estemos, hacer tiempo para escuchar completamente uno al otro!

Cuando las cosas se ponen locos, duro o confuso, tesoro sus momentos solos y con los demás. Piense en lo que es realmente importante para usted. No te preocupes acerca de lo que alguien piensa otra cosa, lo que tienen o lo que poseen. Sople el pito, Tienen su propia fiestecita. Baile, Sonrisa. Se ríen. Risa. Conectar con otros es una de las cosas más importantes solas en este mundo.

Aproveche al Máximo el Momento!

What is Right with My Life?

Andrew had a passion for life. He also treasured his life to the fullest, always. He maintained a positive attitude and a big round smile on his face that shone with a glow of love. In his own words…

"Life is short. Live it up," Nikita Khrushchev once said. That's why I want to enjoy everything that is right with my life. I know everything that is right with my life, and I am very thankful for these things. Are you?

First of all, having a family that loves me is very important to me. I like being able to try something and know that if I mess up, I will have a family to turn to. When my mom diligently completes paper work, I ask her to help me, and she does. When my dad has 10 minutes before work and he has an "I am going to be late" look on his face, I ask him to play catch, and he does. My sisters are the same way, too. They do this because they love me.

¿Qué es Correcto con Mi Vida?

Andrew tenía una pasión por la vida. Él también atesora su vida al máximo, siempre. Mantuvo una actitud positiva y una gran sonrisa redonda en su rostro que brillaba con un resplandor de amor. En sus propias palabras...

"La vida es corta. Para vivir En grande,"dijo una vez Nikita Khrushchev. Por eso quiero disfrutar todo lo que está bien con mi vida. Sé todo lo que está bien con mi vida, y estoy muy agradecido por estas cosas. ¿Es usted?

En primer lugar, tener una familia que me ama es muy importante para mí. Me gusta ser capaz de intentar algo, sé que si me tropeo, voy a tener una familia al que acudir. Cuando mi mamá diligentemente completa papeleo, pido que me ayude, y lo hace. Cuando mi papá tiene 10 minutos antes y tiene una mirada de "Yo voy a llegar tarde" en su rostro, le pido que juega la captura, y lo hace. Mis hermanas son del mismo modo, también. Esto lo hacen porque me aman.

Listening to music, I drift away every night with my last thought being, "I am so lucky, I am free." In fact, I can be anything that I want to be. So far, my choices in my life for what I want to be when I am older have changed a "gazillion" times." Whether it be a police officer, a doctor or NFL super-star, I always remember that I can because I'm free.

Finally, I don't think I could go throughout life without having fun. Without fun, you wouldn't have many friends, you wouldn't enjoy doing things, and most of all, you would never laugh. I always like to laugh and have fun when I am doing things. When I'm with my friends playing football or just hanging out, I try to laugh as much as possible. Even when the weather can be as hot as the Sahara Desert, I try to have fun. I think it can make you a better person.

Well, with my life full of a loving family, freedom and fun, I can say I am very content with my life. With all of these things, I am happy. No matter how bizarre things turn out in my life, I will always have these things to write about. I will always know what is right with my life. I hope you do."

By Andrew Holmes (Written in 7th grade)

A positive attitude and being thankful for the things we have enhances and affirms our lives.

Escuchar música, deriva a todas las noches con mi último pensamiento siendo, "Soy tan afortunado, soy libre". De hecho, puedo ser todo lo que quiero ser. Hasta ahora, mis decisiones en mi vida por lo que quiero ser cuando sea mayor han cambiado un "tropecientos" veces." Ya sea un agente de policía, un médico o super-estrella de la NFL, recuerdo siempre que puedo porque estoy libre.

Por último, no creo que podría seguir a lo largo de la vida sin tener diversión. Sin diversión, no tiene muchos amigos, no disfrutas haciendo cosas, y sobre todo, nunca reiría. Siempre me gusta reír y divertirse cuando estoy haciendo las cosas. Cuando estoy con mis amigos jugando al fútbol o simplemente pasar el rato, intento reír tanto como sea posible. Incluso cuando el tiempo puede ser tan caliente como el desierto del Sahara, voy intentar divertirse. Creo que usted puede hacer una mejor persona.

Bien, con mi vida de una familia amorosa, la libertad y la diversión, yo puedo decir que estoy muy contento con mi vida. Con todas estas cosas, estoy feliz. No importa cómo extrañas cosas resultan en mi vida, siempre tendré que escribir sobre estas cosas. Siempre sabré lo que es correcto con mi vida. Espero que hacer."

Por Andrew Holmes (escrito en 7 th grado)

Una positiva actitud y ser agradecido por las cosas que tenemos aumenta y afirma nuestra vida.

Experiencing My Good Life – Personal Affirmation

By Andrew Holmes

Currently, I feel like my life has a good, solid flow. As I am getting older, life presents more challenges, and I increase my skill level to face those challenges.

For example, I currently am _____, _____ and _____.

My relationships are _____.

And I continue to deal with relatively basic family needs. Each one of these present many challenges. However, I am willing to make the most of these moments.

Things I am most proud of are _____, _____ and _____.

I am successful at _____, my work is _____, and things with my family are going _____.

Experiencia Mi Buena Vida- Personal Afirmaciòn

De Andrew Holmes

Actualmente, siento que mi vida tiene una buena y sólida. Ya estoy envejeciendo, vida presenta más desafíos, y aumentar mi nivel de habilidad para hacer frente a esos desafíos.

Por Ejemplo, yo corriente _____,
_____ y _____.

Mis relaciones son _____.

Y yo continuò que ver con las necesidades familiares relativamente básicas. Cada uno de ellos presenta muchos desafíos. Sin embargo, estoy dispuesto a aprovechar al máximo estos momentos.

Las cosas que me siento mas orgulloso son _____,
_____ y _____.

Tengo éxito en _____,
mi trabajo _____, y van las cosas
con mi familia _____.

This all lets me know that I am experiencing a good life.

I cannot wait to find new opportunities and to start my new life. Having my family with me, as happy as I am, makes this moment that much more special.

(Inspiring words of Andrew Holmes, written during college)

Andrew's passion for life is what he lived for each minute of each day. He found so much joy in everything he did and made the most of it.

Remember your dreams, and plan to live life to the fullest. Value one another, and don't take people or events in your life for granted. Make the most of your time while making great connections.

Todo esto me permite saber que yo estoy viviendo una buena vida.

No puedo esperar a encontrar nuevas oportunidades y empezar mi nueva vida. Tener mi familia conmigo, tan feliz como soy, hace que este momento que mucho más especial.

(Inspiradoras palabras de Andrew Holmes,
escrito durante la Universidad)

Pasión de Andrew por la vida es lo que él vivió por cada minuto de cada día. Él encontró tantas alegrías en todo lo que el hizo y hace la mayor parte.

Recordar tus sueños y planea vivir la vida al máximo. Valor de uno a otro y no tomar a personas o eventos en tu vida por sentado. Aproveche al máximo su tiempo haciendo buenas conexiones.

Mandala

By Andrew Holmes, College Student

The significance of the colors in my Mandala represents my acceptance and love for all types of people (race, gender, religion, sexual orientation, etc). The hearts represents the love I have to offer others, and the stars represent the positive outlook I try to take on all things. The peace symbol goes along with the love for all people. The words represent the person I want and strive to be at all times. The smiley face represents the positive outlook I take on life. These qualities are important to me because I feel that the world can be a pretty nasty place. With the world being this way, I find it important to stand up against it with a positive attitude in hopes of creating more good-heartedness in the world.

Mandale

De Andrew Holmes, Estudiante de Universidad

El significado de los colores en mi Mandala representa mi aceptación y amor para todo tipo de personas (raza, género, religión, orientación sexual, etc.). El corazón representa el amor que tengo para ofrecer a los demás, y las estrellas representan la perspectiva positiva que intento tomar sobre todas las cosas. El símbolo de la paz va junto con el amor para toda la gente. Las palabras representan a la persona que quiero y se esfuerzan por estar en todo momento. La cara sonriente representa la perspectiva positiva que tomar en vida. Estas cualidades son importantes para mí, porque siento que el mundo puede ser un lugar bastante desagradable. Con el mundo, siendo así, me parece importante para plantarse ante él con una actitud positiva con la esperanza de crear más buen corazón en el mundo.

Accepting Personal Responsibility

By Andrew Holmes, College Student

1. If I take full responsibility for all of my actions, I will accomplish my goals and dreams.

2. If I take full responsibility for all of my thoughts, I will gain a better understanding of what is important to me.

3. If I take full responsibility for all my feelings, I will feel more at peace.

4. If I take full responsibility for my education, I will feel more satisfied with my future.

5. If I take full responsibility for my career, I will feel more satisfied with my future.

6. If I take full responsibility for my relationships, I will be happy.

Aceptar Personal, Responsabilidad

De Andrew Holmes, Estudiante de Universidad

1. Si tomar plena responsabilidad por todas mis acciones, lograr mis metas y sueños.

2. Si llevo toda la responsabilidad de todos mis pensamientos, ganará una mejor comprensión de lo que es importante para mí.

3. Si llevo toda la responsabilidad de todos mis sentimientos, me sentiré más en paz.

4. Si tomar plena responsabilidad por mi educación, voy a sentir más satisfecho con mi futuro.

5. Si tomar plena responsabilidad por mi carrera, voy a sentir más satisfecho con mi futuro.

6. Si tomar plena responsabilidad por mis relaciones, seré feliz.

7. If I take full responsibility for my health, I will increase the way I feel each day, enabling me to focus on other important tasks.

8. If I take full responsibility for all that happened to me, I will feel more in control and less worried.

9. When I am acting fully responsible for my life, I feel more self-confident.

10. If I were to create my very best self, I would take full control in all aspects of my life. This would enable me to become more successful and a better person in general.

11. By reading and writing about personal responsibility, I have learned that I need to start being more aware of the fact that the actions and decisions I make can affect my outcomes greatly. Reading and writing about this opens my eyes to the realization that I have the power to take my life into my own hands make necessary changes. This is my life, and no one else has the responsibility that I have for it.

7. Si tomar plena responsabilidad por mi salud, aumentará la manera que me siento cada día, permitiéndome centrarse en otras tareas importantes.

8. Si tomar plena responsabilidad por todo lo que me pasó a mí, voy a sentir más en control y menos preocupado.

9. Cuando actúo plenamente responsable de mi vida, me siento más seguro de sí mismo.

10. Si yo fuera a crear mi mejor, tomaría el control total en todos los aspectos de mi vida. Esto permitiría me convierta en la más exitosa y una mejor persona en general.

11. Por la lectura y escritura sobre responsabilidad personal, he aprendido que tengo que empezar a ser más conscientes del hecho de que las acciones y las decisiones que tomen mucho pueden afectar mis resultados. Leer y escribir sobre esto abre mis ojos a la realización que tengo el poder para tener mi vida en mis propias manos hacer cambios necesarios. Esta es mi vida, y nadie tiene la responsabilidad que tengo para él.

Section 3

Getting through
Each Day

Sección 3

Conseguir a través de Cada Día

Family Puzzles

When you meet, then cultivate a friendship and come together, you and your partner's relationship is enriched through courtship. Building your relationship happens as you spend more time doing fun things and getting to really know one another. As you find commonalities and begin sharing your dreams, marriage is the culmination of unity and blessing. Being married allows you to nest, to become one in love and to fulfill one another's goals and aspirations. You start a new life, become one together, and then you begin to flourish with your children. Life has more meaning as you grow and build your dreams, watching your children develop and then seeing them create their own lives. Their lives and accomplishments are symbols of your love and unity.

As your family grows, it's like a puzzle. The people and your relationships build and expand as you create connections in life, similar to how pieces in a puzzle fit together.

Familia Rompecabezas

Cuando usted conoce, entonces cultiva una amistad y se unen, tú y la relación de su pareja se enriquece a través de cortejo. Construir tu relación pasa como que pasar más tiempo haciendo diversión cosas y realmente conocer uno con el otro. Como encontrar puntos en común y comenzar a compartir sus sueños, el matrimonio es la culminación de la unidad y bendición. Estar casado le permite anidar, para convertirse en un enamorado y para cumplir con las metas y aspiraciones. Puedes comenzar una nueva vida, se convierten uno juntos y entonces usted comienza a florecer con sus hijos. Vida tiene más de lo que significa crecer y construir tus sueños, viendo a sus hijos desarrollar y luego verlos crear sus propias vidas. Sus vidas y sus logros son símbolos de su amor y unidad.

A medida que crece su familia, es como un rompecabezas. Las personas y sus relaciones, construcción y amplían al crear las conexiones en la vida, similar a cómo encajan las piezas de un rompecabeza.

I wanted to be a mother more than anything in this world. I prayed and prayed that God would put a seed in me. It was a blessing that I got pregnant right away with my oldest, Angela Maria. I wanted to have a big family – 10 children, actually. However, it took us four years to have Anna and then another seven to have Andrew. Though longing for more children was not easy, I think the time it took to nurture the two of them helped me to love, cherish and appreciate them even more.

I felt like the most amazing person and that my life was complete once I became a mother. It is amazing how tiny and yet how complete they are. Watching children eat and grow and be happy are some of the most treasured moments of infancy and parenthood.

When I lost my son, Andrew, I thought that my puzzle had crumbled because a piece was now missing. I thought, "How can I handle my emotions?" My feelings were so mixed and scattered as I tried to make everything make sense. Have you ever wondered, "Am I the only one who feels like this?" That happened to me for a period of time. People tried to comfort me, but it felt impossible to receive any comfort for so long.

I realized that our puzzle, our family, would and could go on, yet it would be a new and different configuration, which I am still working through.

Yo quería ser una madre más que nada en este mundo. Yo oraba y oraba que Dios pondría una semilla en mí. Fue una bendición que quedé embarazada enseguida con mi hija, Angela Maria. Yo quería tener una familia grande – 10 niños, realmente. Sin embargo, nos tomó cuatro años que Anna y luego otro siete que Andrew. Aunque anhela más niños no fue fácil, creo que el tiempo que tardó a nutrir los dos de ellos me ayudó a amar, valorar y apreciar aún más.

Me sentí como la persona más maravillosa y que mi vida era completa una vez que me convertí en una madre. Es increíble cómo pequeños y aún cómo completa son. Cuidando a los niños comer, crecer y ser felices son algunos de los momentos más preciados de la infancia y la paternidad.

Cuando perdí a mi hijo, Andrew, pensé que mi rompecabeza había desmoronado porque ahora faltaba una pieza. Pensé, "¿Cómo puedo manejar mis emociones?" Así, mis sentimientos se mezclaron y dispersos como he intentado hacer todo tiene sentido. Te has preguntado, "soy la única persona que se siente así?" Me pasó por un período de tiempo. Se trató de consolarme, pero parecía imposible recibir todo el confort para tan de largo.

Me di cuenta que nuestro rompecabezas, nuestra familia, le y podrían seguir, pero sería una configuración nueva y diferente, que yo sigo trabajando a través de.

Life's Puzzle Has So Many Pieces
By Maria Holmes

You start with one piece and add more. Each piece adds meaning, significance and expression, bringing pure gratitude. More pieces connect the puzzle with brightness on a journey of happiness.

The picture is filled with so many occasions, events, moments and golden opportunities, bringing gratification.

The puzzle grows with every little step, through each grade level and with every achievement, bringing fulfillment.

Everything is beautiful. Then, something happens, and things become damaged. A pause, interruption, a piece of the puzzle is cracked and violated.

Death brings complete silence, stillness, numbness, shock and paralysis. Completing the puzzle can no longer happen as the pieces cannot be found.

Scattered, pieces of the puzzle have dissolved, bringing emptiness and a void, depleting the beauty because of the missing part of the puzzle. That sole unique piece will always be empty—the hole will not be able to be filled or matched with any other piece.

We all go through trials, tribulations and setbacks in our lives. Through quietness and time, making adjustments, things may be different and uncomfortable. Yet, repair and restoration are ours to have.

Rompecabezas De La Vida Tiene Tantas Piezas
De Maria Holmes

Puede comenzar con una sola pieza y agrega más. Cada pieza añade Significado, significaciòn y expression, trayendo pura gratitud. Más piezas conectan el rompecabezas con brillo en un viaje de felicidad.

El cuadro está lleno de tantas ocasiones, eventos, momentos y oportunidades de oro, y gratificaciòn.

El rompecabezas crece con cada pequeño paso, a través de cada nivel de cada nivel de grado y con cada logro, trayendo el cumplimiento.

Todo es bello. Entonces, algo sucede, y las cosas se dañan. Una pausa, interrupción, una pieza del rompecabezas es agrietada y violada.

Muerte trae parálisis, quietud, adormecimiento, choque y total silencio. Completar el rompecabezas ya no pasa como las piezas no se encuentra.

Dispersos, piezas del rompecabezas hayan disuelto, vacío y un vacío, que agotan la belleza debido a la falta parte del rompecabezas. Esa sola pieza única siempre estará vacía, el agujero no serán capaces de ser llenado o emparejado con cualquier otra pieza.

Todos pasamos por pruebas, tribulaciones y reveses en nuestras vidas. A través de la tranquilidad y tiempo, realizar ajustes, cosas pueden ser diferentes e incómodo. Sin embargo, reparación y restauración son nuestras tener.

Adjusting pieces brings stability to the puzzle, allowing reconnection and beauty in the place of loss and pain.

With time, through seasons, we progress. Able to endure and to go on filling the puzzle, day after day, hour after hour, inviting gratitude, appreciation and thankfulness to see how complete the newly-formed puzzle is becoming.

There are parts of your life that are gone. What you can do now is to sense and feel the love that is around you. Embrace comfort and allow the pieces to fall into place, building new connections.

Ajustar piezas trae estabilidad al rompecabezas, permitiendo la reconexión y belleza en el lugar de pérdida y dolor.

Con el tiempo, a través de estaciones, progresamos. Capaz de soportar e ir en llenar el rompecabezas, día tras día, hora tras hora, invitando a la gratitud, reconocimiento y agradecimiento para ver cómo el rompecabezas recién formado se está convirtiendo en.

¿Hay partes de su vida que se han ido?. Qué puede hacer ahora es percibir y sentir el amor que está a tu alrededor. Abrazar la comodidad y deje que las piezas caigan en su lugar, construir nuevas conexiones.

Journey

Life's journey begins with the first breath.

Andrew's growth and development was preparing him for a bright future. He enjoyed elementary school, Boy Scouts, practicing cello, middle school, sports, sports and more sports. Andrew's journey was highlighted when he got his driver's license, his first job, the first love, prom and college. His journey was filled with dreams, hopes and ambitions. Our family had no idea that his journey would be cut short at such an early time, right in the middle of fulfilling his long-awaited accomplishments.

Your journey can be a long path of numerous days, months and years. As you come to an awareness of the precious gift of life, connect with your heart. Share your hopes, your accomplishments and your moments with those who you encounter. Know that faith in God will bring you through whatever life offers you, even if it's in the face of death.

Viaje

Camino de vida comienza con la primera respiración.

Crecimiento y desarrollo de Andrew le estaba preparando para un futuro brillante. Disfrutó de la escuela primaria, Boy Scouts, practicando el Cello, escuela media, deportes, deportes y más deportes. Viaje de Andrew se destacó cuando obtuvo su licencia de conducir, su primer trabajo, el primer amor, baile y Colegio. Su viaje se llenó de sueños, esperanzas y ambiciones. Nuestra familia no tenía idea que su viaje se truncó en tal una época temprana, justo en el medio de cumplir sus logros largamente esperada.

Su viaje puede ser un largo camino de varios días, meses y años. Al llegar a la conciencia del precioso regalo de la vida, conectar con tu corazón. Compartir sus esperanzas, sus logros y sus momentos con aquellos que encuentras. Sabe que la fe en Dios le llevará a través de lo que la vida le ofrece, aunque sea frente a la muerte.

Prepare everyday. Make connections, and give the best of who you are to others. God will bring you through the wide curves and uphill obstacles through faith, love and hope. Your endurance, your heart, your dreams and accomplishments can leave a profound mark on the world.

Life is precious, and so are you.

Create a meaningful pathway throughout your journey.
Life is too short.

Preparar todos los días. Hacer conexiones y dar lo mejor de quien eres a los demás. Dios te llevará a través de las amplias curvas y obstáculos cuesta arriba a través de la fe, amor y esperanza. Su resistencia, su corazón, sus sueños y logros pueden dejar una marca profunda en el mundo.

La vida es preciosa, y así que eres.

Crear un camino significativo a lo largo de su viaje.
La vida es demasiado corta.

Grief

I loved my son unconditionally. It's devastating to lose someone that you treasure and cherish so much and was so much a part of who you are. There was no notice, and he was so unexpectedly taken from us. Our lives were forever changed.

God's powerful, mighty hand holds you in His tender, loving care. Pour out and empty your anxiety. Raise, exalt and glorify His name. God draws close to a broken heart filled with immense sorrow and a crumbled spirit.

God draws close with His strong, loving hands to lift our hearts and give us strength as we put our trust, faith and hope in Him. Faithfully, patiently wait in God's mercy and grace.

During grief, let this be a time that you let your heart lead your path.

Duelo

Amé a mi hijo incondicionalmente. Es devastador perder a alguien que tú tesoro y apreciar tanto y fue tanta una parte de quien eres. No hubo ningún aviso, y tan inesperadamente fue llevado de nosotros. Nuestras vidas cambiaron para siempre.

Sostiene de mano potente, poderoso de Dios en su oferta, amoroso cuidado. Derramar y vaciar su ansiedad. Elevar, exaltar y glorificar su nombre. Dios atrae a cerca de un corazón roto llenado de tristeza inmensa y un espíritu desmenuzado.

Dios dibuja cerca con su fuerte, amante de las manos para levantar nuestros corazones y nos da fuerza como ponemos nuestra confianza, fe y esperanza en él. Fielmente, pacientemente esperar en la misericordia y la gracia de Dios.

Durante el duelo, que esto sea un tiempo que dejas tu corazón llevar tu camino.

A Broken Heart

Grief brought immense sadness to a home that was so united and so complete with joy and happiness. My heart felt broken.

Our life together was full of many colorful times, experiences and memories. Intense, vibrant colors had enriched our home and completed our space, our lives and our hearts. Our home was full of joy, warmth and brightness. We were inspired and lifted in spirit by love and togetherness.

When he was gone, the colors seemed to have faded and drained, pouring all into a deep despair, rushing into an empty gap that at one time was so splendid and magical. Shattered and broken were we in dullness for life and yet disturbed by sharp pain in our hearts.

I was awakening to new days with no comprehension or awareness of reality. I was lost in myself, lost in the grip of the love that was so strong.

Un Corazón Roto

Dolor trajo tristeza inmensa a una casa que era de felicidad y alegría tan unida y tan completo con. Mi corazón sentía roto.

Nuestra vida juntos fue llena de muchas veces coloridos, experiencias y recuerdos. Colores intensos y vibrantes habían enriquecido nuestra casa y nuestro espacio, nuestras vidas y nuestros corazones. Nuestra casa estaba llena de alegría, calidez y brillo. Estábamos inspirados y levantó en espíritu de amor y fraternidad.

Cuando él se había ido, los colores parecían se han desvanecido y drenado, verter todo en una profunda desesperación, corriendo en un espacio vacío que alguna vez fue tan espléndida y mágico. Destrozado y roto estuvimos en matidez vitalicio y aún perturbado por dolor agudo en nuestros corazones.

Estaba despertando a nuevos días sin comprensión o conciencia de la realidad. Me perdí en mí, perdido en las garras del amor que fue tan fuerte.

I was struggling to come up with courage each day as life continued when everything seemed to stand still. I was seeing movement yet hearing only sounds of sadness. I experienced devastating, excruciating emptiness and numbness. I was consumed by the shattered shreds of a broken heart.

Every task is an overwhelming effort. In tremendous feelings of disconnection, isolation and trying to come to terms with grief, my soul feels choked in despair. It's too much to bear.

I am clinging to the grief. Let go or be lost forever. He is gone. We are here. He remains in my heart.

My spirit is pushing forth. My soul is in need of beauty and connection. My spirit is pushing through to find and reach me. It is bringing peace, through faith, hope and belief despite the grief.

I am starting to feel again. I am remembering, reconnecting with hints of color, splashes of light.

Yes, it will take courage. Our hearts are pumping through this journey of healing. Feelings are going in countless circles. In the light, the pain and the suffering, healing goes around and around, struggling to move. The heart fills. The color in our home begins to vibrate.

Estaba luchando para llegar a con valor cada día como vida continuó cuando todo parecía haberse detenido. Yo estaba viendo movimiento pero oyendo sólo sonidos de tristeza. Experimenté devastador, insoportable vacío y entumecimiento. Yo estaba consumida por los fragmentos rotos de un corazón roto.

Cada tarea es un gran esfuerzo. En tremenda sentimientos de desconexión, aislamiento y tratando de llegar a un acuerdo con la pena, mi alma se siente ahogado en la desesperación. Es demasiado para soportar.

Estoy aferrando a la pena. Dejar ir o se perderán para siempre. Él se ha ido. Estamos aquí. Él permanece en mi corazón.

Mi espíritu está empujando hacia adelante. Mi alma tiene necesidad de belleza y de la conexión. Mi espíritu está impulsando a través de encontrar y comunicarse conmigo. Está trayendo paz, a través de la fe, esperanza y creencia a pesar de la pena.

Estoy empezando a sentir otra vez. Estoy recordando, volver a conectar con toques de color, toques de luz.

Sí, tendrá valor. Nuestro corazón está bombeando a través de este camino de curación. Sentimientos van en innumerables círculos. En la luz, el dolor y el sufrimiento, sanación va alrededor y alrededor, tratando de mover. Llena el corazón. El color en nuestra casa comienza a vibrar.

Ah. I am remembering the guarantee of assurance from God's hands to guide us. He strengthens as we put our faith, trust, and belief in Him and in the promise of tomorrow.

The connection with our loved one, the spiritual connection, is a grand force of energy. The spirit lives on, giving us a feeling of His presence as we capture every moment with a wonderful sense of peace that takes over, filled with love.

The spirit delivers.

Ah. Estoy recordando la garantía de fiabilidad de las manos de Dios para guiarnos. Consolida como ponemos nuestra fe, confianza y creencia en él y en la promesa del futuro.

La conexión con nuestro ser querido, la conexión espiritual, es una gran fuerza de la energía. Vive el espíritu, que nos da una sensación de su presencia como capturar cada momento con un maravilloso

El espíritu entrega.

Section 4

Nature Poetry and Prose

Andrews...Nephew and Uncle

Sección 4

Naturaleza Poesía y Prosa

Tom, Andrew and Me

The Butterfly

Waiting with excitement for those special moments and traditions spent with those you love creates treasured memories. Spending time with his nephew, also named Andrew, after him, was very meaningful to my son. Getting together and doing fun things meant so much to both of them. Andrew loved being little Andrew's uncle, and he enjoyed being with him as much as possible. They shared, laughed, listened and traded stories with one another. They spent quality time together, and they had a deep relationship filled with lots of activities and memorable moments. Every year, they went to Six Flags amusement park together. It was a custom and tradition that they both looked forward to.

One day we were sitting by the riverbank. A beautiful butterfly came near me, fluttering, flying, and bringing me joy and peace. It felt like the power of God giving me a few moments of connection with my Andrew.

La Mariposa

Esperando con entusiasmo para aquellos momentos especiales y tradiciones con las personas que aman crea recuerdos inolvidables. Pasar tiempo con su sobrino, también llamado a Andrew, después de él, fue muy significativo para mi hijo. Juntarnos y hacer diversión cosas significan tanto a ambos. Andrew amaba ser tío del pqueñ Andrew, y disfrutaba estar con él tanto como sea posible. Compartido, se echó a reír, escucharon y negociados historias uno con el otro. Pasaron tiempo de calidad juntos, y tenían una relación profunda con un montón de actividades y momentos memorables. Cada año, fueron al parque de atracciones Six Flags juntos. Era una costumbre y la tradición que ambos esperaban.

Un día estábamos sentados a la orilla del río. Una hermosa mariposa llegó cerca de mí, aleteando, volando y traerme alegría y paz. Se sentía como el poder de Dios darme unos momentos de conexión con mi Andrew.

Butterfly

Butterfly with such beautiful, colorful wings that can take you everywhere. Special places filled with so many recollections, to remind you of special times in your life.

Wings of a butterfly that can move through the air.

Wings that can take you to someone special to feel your companion so close and so vivid.

Wings of a butterfly that can be carried so high and so low through the freedom of the winds that can take you to a unique place of festivities, and find that memorable place to sit promptly swiftly. As you touch the loved ones who are near by.

Love spreads its colorful wings and showers the one who is so close and familiar. The wings of a butterfly flying so close to you imply an announcement of gatherings to reconnect and fulfill the wishes of the gathering.

All the while, the butterfly flutters across and overhead and low, passing each window that is filled with so many grins. Passing so swiftly like a kite full of colors and the smell of perfumes that fill the emotions. The wings of a special butterfly fly.

At special events and get-togethers, value your time, stop and look, and view the little things in your surroundings that communicate special meanings and memories for you.

Mariposa

Mariposa con tan hermosa, alas coloridas que te pueden llevar a todas partes. Lugares especiales llenan de tantos recuerdos, para recordar momentos especiales en tu vida.

Alas de una mariposa que puede desplazarse por el aire.

Alas que te pueden llevar a alguien especial para sentir a su compañero tan cerca y tan vivo.

Alas de una mariposa que puede llevar a tan alto y tan bajo a través de la libertad de los vientos que pueden llevarte a un lugar único de festividades, y encontrar ese lugar memorable para sentarse puntualmente con rápidez. ¿Cómo tocas los seres queridos que estan cerca de usted?

Amor extiende sus alas coloridas y duchas que está tan cercano y familiar. Las alas de una mariposa volando tan cerca implican un anuncio de reuniones a reconectar y cumplir los deseos de la reunión.

Al mismo tiempo, la Mariposa revolotea a través y arriba y bajo, pasando cada ventana que se llena con tantas sonrisas. Pasar tan rápidamente como una cometa llena de colores y el olor de los perfumes que llenan las emociones. Las alas de una mariposa especial volar.

En eventos especiales y reuniones, valoramos su tiempo, la parada y mira, y ve las cosas pequeñas en tu entorno que comunican significados especiales y Recuerdos para usted.

November

November will be forever a mark stamped in my heart. The first day of that November started like another day. We were together as a family, coming together at the table for our first meal of the day, greeting one another with, "Good morning," smiles and hugs.

As we were getting ready to start the day, Andrew quickly reviewed his classes on the computer. He was soon coming to the end of his studies at the university, feeling accomplished and proud of his grades and pending graduation. I remember hearing Andrew say, "I love you, Mom, have a good day." Those words will always be in my heart and give me courage as I continue to get through this journey of grief.

Having a full day!

Towards the end of the day, we had an unexpected schedule change. As a surprise, I came home early to make a delicious dinner and prepare food that Andrew loved and was special to him. When Andrew arrived and came inside, he said, "Hello Mom. It smells so delicious. I am so glad that I am all registered with my classes, my last classes." Then he showed me the books for them.

Noviembre

Noviembre será para siempre una marca estampada en mi corazón. El primer día de ese noviembre comenzó como otro día. Que estuvimos juntos como una familia, que se reúnen en la mesa para nuestra primera comida del día, saludo uno con el otro, "Buenos días," sonrisas y abrazos.

Nos estábamos preparando empezar el día, Andrew examinadas rápidamente sus clases en la computadora. Pronto él venía al final de sus estudios en la Universidad, sentirse realizado y orgulloso de sus calificaciones y pendientes graduación. Recuerdo audiencia Andrew decir "te amo, mamá, tenga un buen día." Esas palabras serán siempre en mi corazón y me da coraje al continuar obtener a través de este camino de dolor.

Disfrutando de un día completo!

Hacia el final del día, tuvimos un cambio de horario inesperado. Como una sorpresa, me encontré en la casa temprano para hacer una deliciosa cena y preparar la comida que Andrew amaba y era especial para él. Cuando Andrés llego y entró a la casa, dijo, "Hola mamá, tan delicioso que uele la comida" y despues el dijo "estoy tan contento que estoy registrado con mis clases, mis últimas clases". Entonces él me mostró los libros para ellos.

We hugged, and I told him, "I am so happy for you and so proud of your accomplishments."

Andrew then said, "I am so hungry." Thinking about it, I just treasure every moment. How happy Andrew was, looking forward to going to Colombia for the first time! He was so looking forward to it. Andrew said that he could not wait.

Andrew also talked about his dad's birthday being only a couple of days before. How happy and glad his father was about how we celebrated his birthday and the special gifts we gave to him. Sharing every moment with Andrew, having our regular routine, not knowing that on that day, our lives would forever be changed as we lost Andrew on earth, but not in spirit.

November

November, the eleventh month of the year.

On the first day of the month in November is All Saint's Day—what a blessing.

The eleventh month of the year. The first day of the month in November is All Saint's Day–what a blessing. The year 2010.

The eleventh month of the year. The first day of the month in November is All Saint's Day–what a blessing. The year 2010. The day when he left us.

Nos abrazamos, y yo le dije, "Me siento tan feliz por usted y tan orgulloso de sus logros."

Andrew entonces dijo: "Tengo mucho hambre". Pensando en ello, solo atesoro cada momento. Cómo Andrew era muy feliz,pensando con mucha illusion y esperaba ir a Colombia por primera vez! Andrew dijo que él no podía esperar.

Andrew también habló sobre el cumpleaños de su padre siendo sólo un par de días antes. Cómo feliz y alegre él era sobre cómo celebramos su cumpleaños y los regalos especiales que se le dio a él. Compartir cada momento con Andrew, tener nuestra rutina diaria, sin saber que ese día, nuestras vidas para siempre se modificarían como perdimos a Andrew en la tierra, pero no en espíritu

Noviembre

Noviembre, el undécimo mes del año.

En el primer día del mes de noviembre es el día de todos los Santos — Qué bendición.

El undécimo mes del año. El primer día del mes de noviembre es de todos los Santos días-que una bendición. El año 2010.

El undécimo mes del año. El primer día del mes de noviembre es de todos los Santos días-que una bendición. El año 2010. El día que nos dejó.

November, the eleventh month of the year, the first day of the month, on All Saint's Day in 2010 is the day that my son joined the saints. A celestial, holy, sacred, sanctified day. A heavenly day.

November first will forever be stamped as a radical mark in our hearts. The pain fills the body with stiffness. November first is a hallmark, a permanent stamp.

What are You trying to tell me? Only You can understand. Only You can carry us through. Feeling as if we are the only ones. Only you can melt the stiffness away. I am listening. I am willing to stop. I am willing to connect. I am willing. I am willing to go through. Only You. Thank You to our Higher Power.

Yes. November first is also a day of blessing, sanctification, cele-bration, and praise.

As the morning daylight breaks through and shines, light illumi-nates the window inside.

Connections. Making the most of the moment. Awareness. Each year that passes, on the first day of the month, the eleventh month of the year, the heart is touched a bit more. The warmth comes through. The soul is less stiff. Filling the heart and soothing the soul. A profound touch as the light shines through.

Yes, through the window I hear the songbird striking an intense noise as it pokes toward the window, dispatching a message as if saying, "It's okay." It seems as if only—Yesterday.

Noviembre, el undécimo mes del año, el primer día del mes, día de todos los Santos en 2010 es el día que mi hijo se unió a los Santos. Un día celestial, Santo, sagrado, santificado. Un día celestial.

Primero de noviembre para siempre se sellaran como una marca radical en nuestros corazones. El dolor llena el cuerpo de rigidez. Primero de noviembre es un sello, un sello permanente.

¿Lo que tratan de decirme? Sólo puede entender. Sólo usted puede llevarnos a través de. Sensación como si fuéramos los únicos. Sólo usted puede desvanecerse la rigidez. Estoy escuchando. Estoy dispuesto a parar. Estoy dispuesto a conectar. Yo estoy dispuesto. Estoy dispuesto a ir a través. Solo tú. Gracias a nuestro poder superior.

Sí. Primero de noviembre es también un día de bendición, santificación, celebración y alabanza.

Como la mañana penetra la luz del día y brilla, la luz ilumina la ventana interior.

Conexiones. Aprovechando al máximo el momento. Conciencia. Cada año que pasa, el primer día del mes, el undécimo mes del año, el corazón es había tocado un poco más. El calor viene a través. El alma es menos rígido. Llenando el corazón y el alma de calmantes. Un toque profundo como la luz brilla a través.

Sí, a través de la ventana escucho el pájaro cantor, llama la atención un ruido intenso como asoma hacia la ventana, enviar un mensaje como si diciendo, "Está bien." Parece como si sólo—ayer.

Yes, through the window to look out and observe, and watch as they circle around, the squirrels all together merging – mingle in unity as if saying, "I'm okay."

Embracing the sounds and sights that reveal the High Power. To witness such a panoramic view.

Listen to comprehend, to believe in the creation of all.

In the beginning, the Creator—giving and delivering.

Connecting in the moments, allowing us to overcome.

November.

Sí, a través de la ventana a mirar hacia fuera y observar y ver como circundan alrededor, las ardillas fusión todos juntos – se mezclan en la unidad como si diciendo, "yo estoy bien."

Abrazando los sonidos y los monumentos que revelan el poder más elevado. Para presenciar una panorámica.

Escuchar para comprender, para creer en la creación de todo.

En principio, el creador — dando y entregando.

Conexión en los momentos, lo que nos permite superar.

Noviembre.

The Moon

When we put our trust and faith in a Higher Power, it magnifies the meaning in everyday life.

After we left the funeral home that night, we were in the car, and there was a full moon in front of us, with eyes and a big smile. It was as if God sent Andrew to us in the form of the moon. It happened the very next night as well. I just believe that was Andrew saying, "I'm fine. I'm home." Though I miss him, it's a good feeling.

The Moon (Higher Power of Love)

The quiet night, the glow of the round full-sized moon surpasses the silent stillness,
empowering our souls and hearts with such expression, giving relief.

The moon overtakes the sky, so low and seeming so close,
straight in front as if leading the way to reassure us, bringing light to all that has transpired, as if cheerfully smiling with a round face appearing through the clouds.

La Luna

Cuando ponemos nuestra confianza y fe en un poder superi-
or, magnifica el significado en la vida cotidiana.

Después que nos fuimos de la funeraria aquella noche, estábamos
en el coche, y había una luna llena delante de nosotros, con los
ojos y una gran sonrisa. Era como si Dios envió a Andrew a no-
sotros bajo la forma de la luna. Sucedió la noche siguiente así.
Sólo creo que fue Andrew diciendo: "Yo estoy bien. Estoy en el
hogar." Aunque lo extraño, es un buen presentimiento.

La Luna (Energía Más Alta del Amor)

La noche tranquila, el resplandor de la luna redonda de tamaño,
completo supera la quietud silenciosa,
potenciar nuestra almas y nuestros corazones con esa expresión,
dando alivio.

La luna alcanza el cielo, tan cerca y tan baja y aparente,
recta en el frente como si la vanguardia para tranquilizarnos,
llevando luz a todo lo que ha ocurrido, como si sonriendo alegremente
con una cara redonda que aparecen a través de las nubes.

The mesmerizing moon brings peace through its glow, serenity fills the space as if a veil uncovering sadness and replacing it with comfort, peace, consolation and soothing rays of love.

The moon showers gentle whispers of trust, faith, belief and hope as if sending a message from a Higher Power.

The moon stands night after night communicating the greatness of creation from the beginning with no real ending.

La fascinante Luna trae paz a través de su resplandor, serenidad llena el espacio, como si un velo descubriendo tristeza y sustituyéndola con comodidad, paz, consuelo y calmante rayos de amor.

Las duchas suaves susurros de confianza, fe, creencia y como si envío un mensaje de una Energía Más Alta.

La luna está noche tras noche, comunicando la grandeza de la creación desde el principio con ninguna conclusión real.

The Leaf That Comes Across

On the one-year anniversary of Andrew's death, we, along with Casey, his girlfriend, went as a family to his grave. Gathering together, each of us were expressing our emotions and grieving in our own way. Full of tears, crying and overwhelming despair, after Casey lay on his grave, sobbing uncontrollably, I told myself that I had to be strong and get it together. Though I hadn't "come to terms" with losing my son, I sat there next to his grave, treasuring the memories with my mind, heart and soul.

Then in a moment, a leaf came across my chest and made a strong sound, touching me at the core of my being. I was overtaken by peace, and we all experienced a calm knowing. It reassured me his that spirit is always with us.

The Leaf

We are gifts.
We have a purpose.
We must appreciate ourselves so that we can become the people God would have us become.

La Hoja Que
Viene A Través

En el primer aniversario de la muerte de Andrew, junto con Kaycee, su novia, fuimos en familia a su tumba. Reunimos, cada uno de nosotros fuimos expresando nuestras emociones y duelo en nuestro propio camino. Lleno de lágrimas, llanto y abrumadora desesperación, después de Kaycee se coloca sobre la tumba de el, llorando incontrolablemente, me dije a si misma que tenía que ser fuerte y hacerlo juntos. Aunque no hubiera "Venido a términos" con perder a mi hijo, me senté al lado de su tumba, atesorar los recuerdos con mi mente, corazón y alma.

Entonces en un momento, una hoja atravezó mi pecho y hizo un sonido fuerte, tocarme la esencia de mi ser. Yo estaba superada por la paz, y todos experimentamos un tranquilo sabiendo. Me tranquilizó que su espíritu está siempre con nosotros.

La Hoja

Somos regalos.
Tenemos un propósito.
Nosotros mismos debemos apreciar por lo que podemos llegar a la gente que Dios nos quiere que se convierten.

He understands our weaknesses and our strengths.

We must overcome pain and challenges.
We are here to learn.
We must remember and use our time, our gifts and our purposes.

Connect and share.

Share and contribute to others.
Freely give what is needed.
Be thankful and grateful of what has been given to you.

Take your time, and notice the moments.

Capture the beauty of nature.
Capture the smell of blooming flowers.
Capture the butterflies as they fly near and far, across and above.

The importance of the dreams we built.
The importance of the memories we instill in others.
The importance of all the lives that have been touched.

But the most lovable touch was the leaf that came across and touched the heart with so many reminders of love.

Do you ask why? Why me?
So normal and human it is to ask and wonder.
We know that our Higher Father has the answers!

Conexiònes

Él entiende nuestras debilidades y nuestras fortalezas.

Tenemos que superar el dolor y los desafíos.
Estamos aquí para aprender.
Debemos recordar y utilizar nuestro tiempo, nuestros dones y nuestros propósitos.

Conectar y compartir.

Compartir y contribuir a los demás.
Dar libremente lo que se necesita.
Ser agradecido y agradecido de lo que se ha dado a usted.

Tómese su tiempo y observe los momentos.

Capturar la belleza de la naturaleza.
Capturar el olor de las flores florecientes.
Capturar las mariposas que vuelan cerca y lejos, a través y por encima.

La importancia de los sueños que construimos.
La importancia de los recuerdos que inculcar en los demás.
La importancia de todas las vidas que han sido tocadas.

Pero el toque más adorable era la hoja que encontré y tocó el corazón con tantos recuerdos del amor.

¿Pide usted por qué? ¿Por qué mi?
Es lo normal y ser humano que es preguntar y pensar.
Sabemos que nuestro Padre Superior tiene las respuestas!

Shadows

Early in the morning, I felt his presence as I went about my day of work, going downstairs to put a basket of clothes in the washer. As I came across the corner of the room, where his clothes hung, the shadow was so vivid and clear. Feeling that the image was a blessing, peace overtook me.

When I saw the shadow, I felt a calming presence that made me appreciate my gifts. Parenting is a gift from God. When babies arrive, no matter what they look or sound like, they are heavenly blessings. Also, when our children leave us and go to heaven, this too is a blessing.

Seeing the shadow gave me great serenity and a feeling of connection.

Shadows

Shadows can come in many forms and in many ways.
In the quietness, we are reminded of our connections and of our Higher Power.

Sombras

Temprano en la mañana, sentí su presencia cuando fue sobre mi día de trabajo, fui abajo para poner una canasta de ropa en la lavadora. Cuando me encontré con la esquina de la habitación, donde colgó su ropa, la sombra era tan vívida y clara. Sensación de que la imagen fue una bendición, me alcanzó a paz.

Cuando vi la sombra, sentí una presencia calmante que me hizo apreciar mis dones. Crianza de los hijos es un don de Dios. Cuando los bebés llegan, no importa lo que parecen o suenan como, son las bendiciones celestiales. También, cuando nuestros hijos nos dejan ir al cielo, también esto es una bendición.

Ver la sombra me dio gran serenidad y una sensación de conexión.

Sombras

Las sombras pueden venir en muchas formas y en muchas maneras. En la tranquilidad, se nos recuerda de nuestras conexiones y nuestro poder superior.

Shadows can bring protection during the times we most need them.
When it seems cloudy and dark, shadows need light in order for them to project.

Shadows can bring forth inspiration.
In those precious moments, allow your thoughts to emerge with feelings of happiness, warmth and soul—stirring joy.

To know that the spirit lives on and that our loved ones are with us always is a blessing from our God.

Sombras pueden traer protección durante los tiempos que más los necesitamos.

Cuando parece nublado y oscuro, luz a fin de que al proyecto de la necesidad de sombras.

Sombras pueden producir inspiración.

En esos momentos preciosos, permita que sus pensamientos a emerger con sentimientos de alegría alegría, calidez y alma agitar.

Saber que el espíritu y que nuestros seres queridos estén con nosotros siempre es una bendición de nuestro Dios.

Rainbow

This journey of life takes tremendous strength and courage to face and to allow healing. Our spiritual journey allows us to open our hearts and to come to peace. We have to be able to comprehend the meaning of our feelings: to laugh and to cry, to be aware of and to recognize courage as we experience fear, but to arrive to serenity.

To acknowledge all the sorrow that the heavy heart carries is to reveal that it is full of panic and shock. This is a necessary step in the right direction.

Faith is the trust in the light that shines over the rainbow, assuring us of our Higher Power and His promise.

Rainbow

The rainbow is God's promise.
Light that shines through the images of our lives.
Light that shines, high above the sky.
Light that is beyond and so brilliant.

The colors of the rainbow.
The colors of the rainbow have meaningful purpose.

Arco Iris

Este viaje de la vida lleva tremenda fuerza y coraje para enfrentar y para permitir la curación. Nuestro viaje espiritual nos permite abrir nuestros corazones y estar en paz. Tenemos que ser capaces de comprender el significado de nuestros sentimientos: a reír y a llorar, ser consciente de y reconocer el valor como experimentamos miedo, pero para llegar a la serenidad.

Para reconocer el recibo de todo el dolor que lleva el corazón pesado es revelar que está llena de pánico y commover. Esto es un paso necesario en la dirección correcta.

La fe es la confianza en la luz que brilla sobre el arco iris, asegurándonos de nuestro poder superior y su promesa.

Arco Iris

El arco iris es la promesa de Dios.
Luz que brilla a través de las imágenes de nuestras vidas.
Luz que brilla, alto sobre el cielo.
Luz que está más allá y tan brillante.

Los colores del arco iris.
Los colores del arco iris tienen propósito significativo.

The rainbow is God's promise, a covenant of grace.
Light that is beyond, so brilliant and bright.
Colorful meaning and purpose.

The rainbow and colors offer enlightenment and renewal.
The little things do matter.
See the brightness in you and in others.

When you see a rainbow, see the light, see the purpose and go beyond.
Reflect on the colors.

Red – Love, life, sacrifice of Christ's blood, death and the cross.
Orange – Gathering season, fruitfulness, praise and passion.
Yellow – Holiness, Glory of God and purity.
Green – Prosperity, restoration, health, healing and new beginnings.
Blue – Heaven, prayer, and the Holy Spirit.
Purple – Inheritance and believers.

Love of our Creator, salvation, victory, glory, joy, peace, fruit of
the Spirit.

El arco iris es la promesa de Dios, un pacto de gracia.
Luz que está más allá, tan brillante y brillante.
Colorido significado y propósito.

El arco iris y colores ofrecen iluminación y renovación.
Las pequeñas cosas importan.
Ver el brillo en usted y en otros.

Cuando veas un arco iris, ver la luz, ver el propósito y van más allá.
Reflexionar sobre los colores.

Rojo – amor, vida, sacrificio de la Cruz, la muerte y la sangre de Cristo.
Naranja – temporada, fecundidad, alabanza y pasión.
Amarillo – gloria de Dios, santidad y pureza.
Verde – prosperidad, restauración, salud, curación y nuevos comienzos.
Azul – cielo, oración y el Espíritu Santo.
Morado – herencia y creyentes.

Amor de nuestro Creador, salvación, victoria, gloria, gozo, paz, fruto del Espíritu.

Deep Love

Lord Jesus, someone has died whom we love very much (Andrew).

And there is a void, exhaustion and emptiness that cannot be filled. Hearts throbbing, aches, longing, desire for significance meanings.

In the surroundings are conditions of puzzlement and confused emotions.

Lord Jesus, help us to perceive and to seek understanding to look straight at that empty void and not be filled with fear.

Lord, help us to celebrate with rejoicing and be glad and cheerful for (Andrew's) unity and happiness with you, Lord Jesus.

Lord Jesus, help us to be able to continue the daily journey without our loved ones to fill and embrace the love that has been given to us into our soul, heart and character. Help us to complete and carry out and give to others.

Lord Jesus, help us to depend and trust and rely upon your strength. Lord Jesus. Your guidance will help us through our daily journey. Knowing that his spirit and love continues to be with us.

Profundo Amor

Señor Jesús, alguien ha muerto que amamos mucho (Andrew).

Y hay un vacío, agotamiento y vacío que no se puede llenar.
Corazónes palpitando, Dolores, anhelo, de significados de importancia.

En los alrededores son condiciones de perplejidad y emociones
confusas.

Señor Jesús, nos ayude a percibir y a buscar el entendimiento que
mire directamente en ese vacío y no se llena de temor.

Señor, nos ayudan a celebrar con gozo y ser felices y alegres para
(Andrew's) unidad y felicidad con usted, Señor Jesús.

Señor Jesús, ayúdanos a ser capaces de continuar el camino diario
sin nuestros seres queridos para llenar y abrazar el amor que nos
ha sido dado en nuestra alma, corazón y carácter. Ayúdanos a
completar y llevar a cabo y dar a los demás.

Señor Jesús, ayúdanos a depender y confiar y confiar en su fuerza.
Señor Jesús. Su orientación nos ayudará a través de nuestro camino
diario, Sabiendo que su espíritu y su amor sigue siendo con nosotros

.

Section 5

Joy

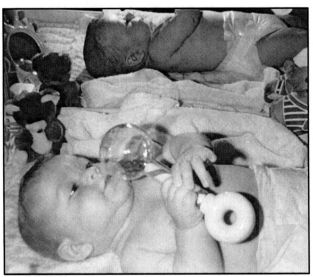

Baby Andrew

Sección 5

Gozo

Baby Andrew and Me

Style

When he was born, joy, happiness and laughter filled our home with the girls and their new baby brother, Andrew. As he grew up, he had a style all his own.

Appearance, Apparel

A tiny newborn baby was covered in a warm and soft, sky-blue blanket.

The little white garment with designs of fluffy, tiny teddy bears seated on white clouds covered the garment of the baby, who was so warm and affectionate.

The white cotton under-shirt with light blue embroidery words read, "A Blessed Baby!"

Hats, mittens, booties, bib—soft, pale, delicate, tinted, were shaded like a soft-painted moon of a fine distinction, quite a night of lullabies!

Smiles, the sounds of babble were healthy, strong, whole, trustworthy sounds. To experience the delightful characteristics of a tiny baby was priceless!

Estilo

Cuando nació, alegría, felicidad y risa llenaban nuestro hogar con las niñas y su nuevo hermanito, Andrew. Como él creció, el tenía un estilo propio.

Apariencia, Prendas de Vestir

Un pequeño bebé recién nacido fue cubierto en un ambiente cálido y suave, manta celeste.

El pequeño vestido blanco con diseños de mullidas, pequeños osos de peluche sentados en nubes blancas cubiertas la ropa del bebé, que era tan cálido y cariñoso.

Bajo cariñoso la camisa de algodón blanco con palabras de luz claras bordado, "Un bebé bendito!"

Sombreros, guantes, botines, babero, suave, pálida y delicada, teñido, fueron sombra como una luna suave pintado de una fina distinción, toda una noche de canciones de cuna!

Sonrisas, los sonidos de balbuceo eran sonidos sanos, fuertes, todo, digno de confianza. Para experimentar las características encantadoras de un bebé pequeño era impagable!

Dresswear of precious sailor sapphire blue was so dearly loved. There was open space to reach a rattle, to stretch, draw out, to hold a ball. To clap and bounce!

There was room to stand, to run, to climb—Celebration. He was so sharp and so excellent, fine—he wore white and black checkered trousers shorts with straps worn over the shoulders to support the trousers. He wore a soft white shirt with ivory buttons!

Andrew was singing, playing, dress in customs, camping, fishing, running with the dog—wearing jeans with back pockets— Wearing a white and blue striped shirt—Wearing a belt with sports designs like baseball, basketball, football.

So polished and shined was he!

Cowboy boots, tennis shoes, sandals, dress shoes, house slippers, neatly put, correct formal, admirable!

Andrew was playing the cello, building go-carts, drawing, attending concerts and parades. He wore sweaters of dark and light green diamonds, and sweaters of so many styles and fashions!

He had so many vests that he could mix and match with so many wears!

Ties, belts, socks, band, wristwatch—Andrew was neat, adorned, well dressed and smart!

Fiesta de azul zafiro de preciosa marinero tan caro fue amada. Había abierto espacio para llegar a un sonajero, estirar, dibujar, cojer una pelota . Para aplaudir y rebote!

Había una sala de estar, correr, subir, celebración. Fue tan fuerte y tan excelente, bien, llevaba pantalones cortos pantalones de cuadros blancos y negros con tirantes sobre los hombros para apoyar los pantalones. Llevaba una camisa blanca suave con botones de Marfil!

Andrew estaba cantando, jugando, vestido en disfraces, camping, pesca, corriendo con el perro — usar jeans con bolsillos traseros — lleva una camisa de rayas azul y blanca, lleva un cinturón con diseños de deportes como béisbol, baloncesto, fútbol.

Tan pulido y abrillantado era él!

Botas vaqueras, zapatos tenis, sandalias, zapatos de vestir, zapatillas de casa, correcta, perfectamente puesto formal, admirable!

Andrew tocaba el Cello, cubos de construcción, va-carros, dibujo, asistir a conciertos y desfiles. Él usaba suéteres de diamantes verdes oscuros y claros y suéteres de tantos estilos y modas!

Tenía tantos chalecos que podía mezclar y emparejar con tantos usa!

Corbatas, cinturones, calcetines, banda, reloj de pulsera — Andrew fue aseado, adornado, bien vestida y elegante!

Andrew loved his Cardinal Jersey, Cardinals hat, Cardinals bat, Cardinals mittens and Cardinals ball!

He had so much expression, like a portrait, a painting with so many countless details to relate.

He could form a relationship with his mannerism, conduct.

Andrew wore classics, and preferred standard appearance in his apparel!

How thankful and grateful we are for the time we had together.

Andrew amaba su Jersey de Cardenal, cardenales sombrero, palo de cardenales, mitones de cardenales y cardenales bola!

Tenía tanta expresión, como un retrato, una pintura con tantos detalles incontables relacionar.

Él podría formar una relación con su manierismo, conducta.

Andrew llevaban clásicos, y prefería apariencia estándar en su ropa!

El agradecimiento y gratitud por el tiempo que pasamos juntos.

Baby Andrew's Words

Andrew, it was magical how the entire family helped in preparation for your arrival. Everything in your room was precious and perfect. The walls were painted baby blue. All the paintbrushes used in the project were carefully placed in the bucket to prevent even a single drop of blue on the floor. High on the walls are borders with soothing designs and colorful pictures on display.

As the preparation neared completion, our joy and delight at your imminent arrival grew in each of us. Your sisters were nearly overcome with anticipation, wanting to hold you, rock you and sing to you. With your arrival, our family was complete and connected as a whole.

The day we brought you home was so astonishing. Outside it was cold, but magical. Everything was covered in a pure white; the snow reflected the magical purity of your heart and ours. The season was very much in us. Like the fresh flakes of white, a life, your life, was drifting down to join ours. We eagerly embraced all of those activities that made up the first days, weeks and months of after a child's arrival, feeding, changing diapers, singing lullabies and reading stories. Being a family was such a gift from God, and we were going to treasure it forever.

Bebé Andrew sus Palabras

Andrew, era mágico cómo toda la familia ayudó en la preparación para su llegada. Todo en su habitación era preciosa y perfecta. Las paredes fueron azul pintada de bebé. Todos los pinceles utilizados en el proyecto fueron colocados cuidadosamente en el cubo para evitar incluso una sola gota de azul en el piso. Altas en las paredes son fronteras con diseños suaves y coloridas imágenes en pantalla.

La preparación al acercarse la terminación, nuestro gozo y alegría por su llegada inminente crecieron en cada uno de nosotros. Sus hermanas fueron superadas casi con anticipación, querer abrazarte, arrullarte y cantar a usted. Con su llegada, nuestra familia fue completa y conectada en su conjunto.

El día que lo llevó al hogar fue tan asombroso. Exterior era frío, pero mágico. Todo estaba cubierto de un blanco puro; la nieve refleja la pureza mágica de tu corazón y el nuestro. La temporada fue mucho en nosotros. Como las escamas frescas de blanco, una vida, tu vida, fue derivando hacia abajo para unirse a nuestro. Nos abrazó con impaciencia todas esas actividades que componen los primeros días, semanas y meses de después de la llegada de un niño, alimentación, cambiar pañales, cantando canciones de cuna y leer historias. Era una familia tan un regalo de Dios, y que íbamos a lo atesorar para siempre.

Happy birthday, to my son in heaven.

Treasure every moment. Build memories with each child individually, for each one brings so much to the family, as we all learn so much from them.

Can you recall your special time?
What did you learn from it?

¡Feliz cumpleaños, a mi hijo en el cielo!

Tesore cada momento. Construir recuerdos con cada niño individualmente, para cada uno trae tanto a la familia, como todos aprendemos mucho de ellos.

¿Puede usted recordar su momento especial?
¿Qué aprendio de eso?

Heavenly Angel

Andrew, my beloved son, has gone to his new home, a heavenly home to be with our Heavenly God. My heavenly angel will be my guardian angel, close and secure in my heart.

Angel from heaven above.
A guardian angel watching over the loved ones.
Angel with a tender heart.
A divine angel present in the spirit, providing safeguard to the ones close by.
An angel of Godly, loving care.
Angel with majestic wings, giving an abundance of love from heaven above.
Mercy, compassion and kindness, blessed gifts from heaven above.

Angel Celestial

Andrés, mi hijo amado, ha ido a su nuevo hogar, un hogar celestial para estar con nuestro Dios celestial. Mi ángel celestial será mi ángel de la guarda, cierre y seguro en mi corazón.

Ángel del cielo arriba.

Un ángel de la guarda vigilando a los seres queridos.

Ángel con un corazón tierno.

Un Ángel divino presente en el espíritu, proporcionando protección a las inmediaciones de.

Un ángel del Santo, mimo.

Ángel con alas majestuosas, dando una abundancia de amor de cielo arriba.

Misericordia, compasión y bondad, benditos regalos del cielo arriba.

An angel of holiness, awesome, marvelous, of deliverance.
Of spiritual encouragement to the soul.
A messenger from God.
The eternally everlasting, complete in unity.
The essence of wholesome purity.
Perfume that gives beauty to the presence of the Heavenly angel,
grace from above.

Ornament full of grace, faith and hope, which blossoms
from frail, delicate spirit.

Un ángel de la santidad, impresionante, maravilloso, de liberación.
De aliento espiritual para el alma.
Un Mensajero de Dios.
Completar el eterno eternamente, en la unidad.
La esencia de la pureza saludable.
Perfume que da belleza a la presencia del ángel celestial, gracia desde arriba.

Ornamento lleno de gracia, fe y esperanza, que florece de espíritu débil, delicado.

Our Daily Bread

The gift was given generously, freely.
Our faith and belief in the love of our God's hands in our life and
the promise of eternal life is the gift.

When we each break the bread, it is nourishing to our soul.
Sharing the bread is also a gift.

The gift is the bread of life.
It is the meaning of our existence of being with the Higher Power.
It is the significance of our relationship as we come together to
partake of the bread.

The gift is a reminder of the love that was poured out for each of
us.
Freely given to each of us.

To know we will meet again in our heavenly home.

Fulfillment of connection to come together with our loved ones
once again.

Nuestro Pan de Cada Día

El regalo fue dado generosamente, libremente.
Nuestra fe y creencia en el amor de las manos de nuestro Dios en
nuestra vida y la promesa de vida eterna es el regalo.

Cuando cada uno de nosotros rompemos el pan, está alimentando
a nuestra alma.
Compartir el pan es también un regalo.

El regalo es el pan de vida.
Es el sentido de nuestra existencia de ser con la mayor potencia.
Es la importancia de nuestra relación como nos reunimos para
compartir el pan.

El regalo es un recordatorio del amor que fue derramada por cada
uno de nosotros.
Libremente dado a cada uno de nosotros.

Saber que nos reuniremos nuevamente en nuestro hogar celestial.

Cumplimiento de conexión a venir junto con nuestros seres
queridos una vez más.

A NOTE FROM THE PUBLISHER
Mission Possible Press...
Creating Legacies through Absolute Good Works

As a publisher, I have the opportunity to transform hopeful writers into successful authors. This brings me great pleasure because I believe everyone has wisdom to share and valuable stories to tell.

Prior to publication, I worked with Maria to help her craft her words, thoughts and feelings to share what her heart was longing to express. As a mother who lost a child, naturally, she was grief-stricken. She began with beautiful poetry as a way to help her heal and deal with her loss. Yet, her heart yearned to help not only herself, but also every human being who has lost a loved one, especially a child. She had a story to tell. I admire her because instead of gloom and doom, the woman is full of hope and love. A more generous woman I have yet to meet.

Yes, all of us have stories. And part of the reason the "mission is possible" is because when we dare to share them, we naturally help others. To everyone whose heart hurts or who feels alone or isolated, just know that we are all in this life together. Even if you don't believe a book is inside you, taking the time to share kind words, little gestures, warm meals and long hugs can help each of us to appreciate life's blessings.

UNA NOTA DEL EDITOR
Misión Posible Press…
Crear legados a través en Obsoluto Buenos Obras

Como editor, tengo la oportunidad de transformar escritores esperanzados en autores de éxito. Esto me trae gran placer porque creo que todo el mundo tiene sabiduría para compartir y valiosas historias que contar.

Antes de su publicación, trabajé con María para ayudar a su arte, sus palabras, pensamientos y sentimientos para compartir lo que su corazón estaba deseando expresar. Como una madre que perdió a un hijo, naturalmente, estaba desolado. Comenzó con la hermosa poesía como una forma de ayudar a su sanación y lidiar con su pérdida. Sin embargo, su corazón ansiaba ayudar no sólo a sí misma, sino también cada ser humano que ha perdido un ser querido, especialmente un niño. Ella tenía una historia que contar. Yo admiro porque en lugar de tinieblas y condena, la mujer está llena de esperanza y amor. Una mujer más generosa que todavía tengo que cumplir.

Sí, todos nosotros tenemos historias. Y parte de la razón la "misión posible" es porque cuando nos atrevemos a compartirlas, naturalmente ayudamos a otros. A todas las personas cuyo corazón duele o que se siente solo o aislado, sólo sé que estamos todos en esta vida juntos. Incluso si no crees que es un libro dentro de ti, tomando el tiempo para compartir palabras amables, pequeños gestos, comidas calientes y abrazos largos pueden ayudar a cada uno de nosotros para apreciar las bendiciones de la vida.

Thanks to Maria Holmes, I believe this world is a better place. She dared to share her rich Spanish heritage along with her hope and faith in God and in family. One can't help but smile in her presence and bask in her glow. Maria is an inspiration, and I am honored and pleased to present this book as part of our Extraordinary Living Series.

In the Spirit of Communication,
Jo Lena Johnson, Founder and Publisher

Mission Possible Press, a division of Absolute Good
AbsoluteGoodBooks.com
MissionPossiblePress.com

Gracias a Maria Holmes, creo que este mundo es un lugar mejor. Ella se atrevió a compartir su herencia Española junto con su esperanza y fe en Dios y en familia. Uno no puede ayudarse pero sonreír en su presencia y deleitarte con su resplandor. Maria es una inspiración, y estoy honrado y el placer de presentar este libro como parte de nuestra Serie de Vida Extraordinaria.

En el Espíritu de la Comunicación,
Jo Lena Johnson, Fundador y Editor

Misión Posible Press, una división de Absoluta Buena
AbsoluteGoodBooks.com
MissionPossiblePress.com

ABOUT THE AUTHOR

Author Maria Amparo de Fatima Holmes is a devoted wife, a loving mother and a dedicated teacher with a passion for enriching the lives of those whom she touches. Born in Colombia, South America, Maria and her family moved to the Midwest region of North America and made a home in St. Louis, Missouri, when she was a young girl. She married the love of her life, Thomas Holmes, in 1976. They raised three beautiful children, Angela, Anna and Andrew, who shared a very special bond.

Maria is very proud of her Colombian heritage and has spent the past twenty years teaching pre-school to adult learners of the Spanish language. She shares her Colombian traditions and culture through food, language, dancing and the love of living a good life with family. To enrich and expand the minds of young people is what Maria really values and strives to do every day. She knows that learning and having rich experiences improves understanding, communication and will lead to new opportunities for all people, especially children.

Maria's role as a mother is what she treasures most. She was inspired to write *Connections, Making the Most of the Moment* after her son, Andrew, passed in November 2010 from complications from a car accident as a teen. She wants every person to treasure their lives, their families, their neighbors and to treasure each and every moment.

SOBRE EL AUTOR

Autor Maria Amparo de Fatima Holmes es una esposa dedicada, una madre amorosa y una profesora dedicada con una passion para enriquecer las vidas de aquellos a quienes ella toca. Nacida en Colombia, Sur America, Maria y su famlia se movió a la region del Medio Oeste de América del Norte e hizo un hogar en St. Louis, Missouri, cuando ella era una niña. Ella se casó con el amor de su vida. Thomas Holmes, en 1976, Críaron a tres hermosos hijos, Angela, Anna, y Andrew, quien compartierón un vínculo muy especial.

Maria está muy orgullosa de su herencia Colombiana y ha pasado los últimos veinte años de enseñanza pre-escolar, ensenñanza primaria a los estudíantes adultos de la lengua española. Ella comparte sus traciciones Colombianas y la cultura a través de la comida, el idioma, el baile y el amor de una vida buena con la familia. Para enríquecer y ampliar las mentes de los jóvenes es lo que Maria realmente valora y se esfuerza por hacer cada día. Ella sabe que aprender y tener experiencias ricas mejora la compression, communicación y dara lugar a nuevas oportunidades para todas las personas, especialmente los niños.

Maria su papel como una Madre es lo que ella más tesora. Ella se inspiró para escribir las conexiones, aprovechando al máximo el momento despues que su hijo murio el primero de noviembre 2010, por complicaciones de un accidente de coche en la adolescencia. Ella quiere que cada persona atesore sus vidas, sus familias, sus veciones y a atesora cada momento.

CPSIA information can be obtained at www.ICGtesting.com
Printed in the USA
LVOW13s2032101013

356383LV00001B/1/P